L'ART & LA MANIÈRE

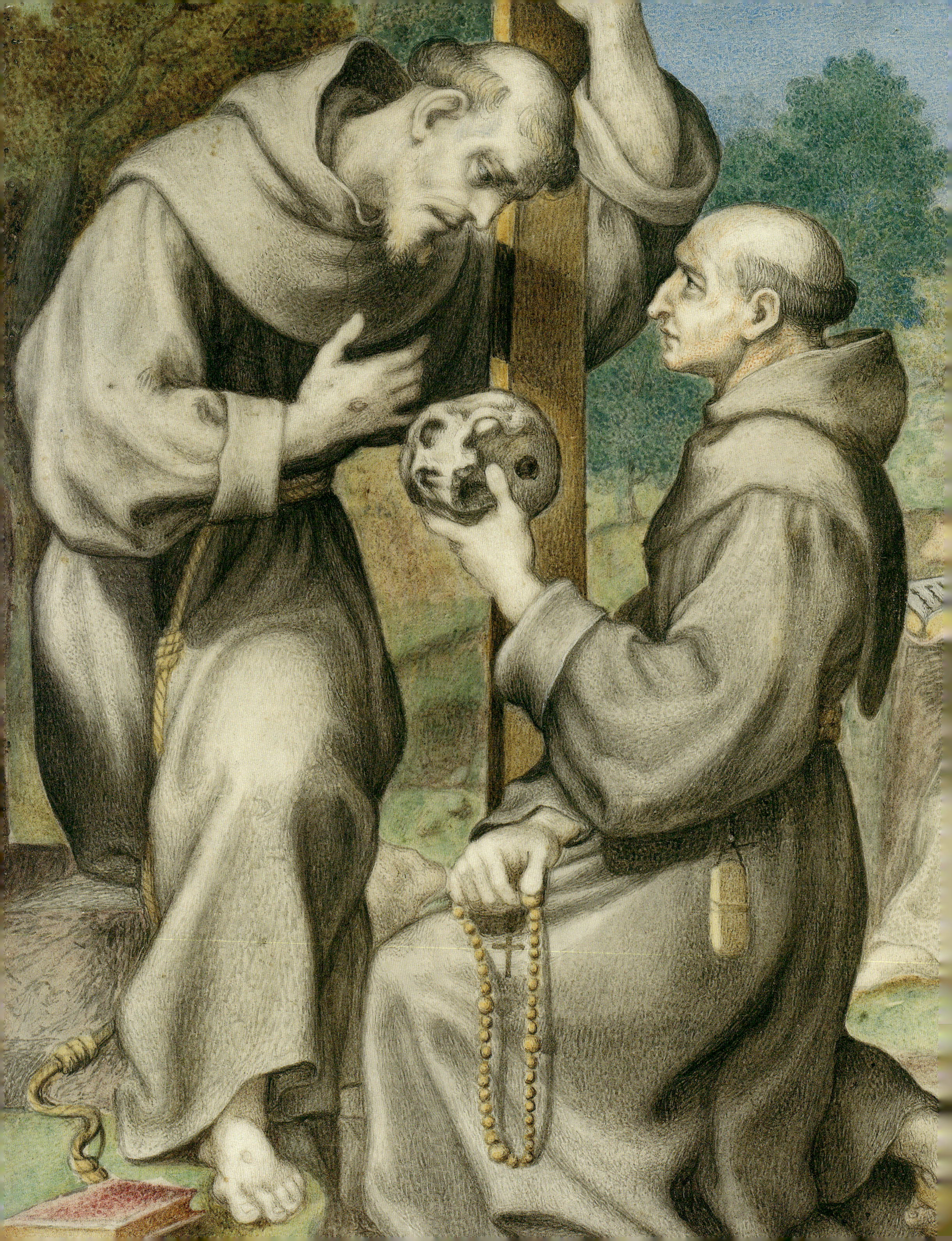

L'ART & LA MANIÈRE

Dessins et tableaux *ca.* 1520 - *ca.* 1610

Galerie Tarantino

Remerciements

Nous tenons à remercier chaleureusement pour leur collaboration scientifique, documentaire ou artistique, toutes celles et ceux, historiens, collectionneurs ou amateurs qui ont apporté leur généreux concours à l'étude des œuvres ainsi qu'à la rédaction des notices :

Alessandro Agresti, Jean-Christophe Baudequin, Maria Beltramini, Marco Simone Bolzoni, Alessandro Brogi, Marco Ciampolini, Andrea Emiliani, Pierre Etienne, Antonio Geremicca, Denis Giacomoni, Matteo Gianeselli, le docteur Alain Leclercq, Pierluigi Leone de Castris, Dominique Maltier, Catherine Monbeig Goguel, Maurizio Nobile, Arianna Petraccia, Davide Trevisani, Nicolas Schwed, Patrizia Tosini, Nicholas Turner, Hans Villette, ainsi que ceux qui souhaitent rester dans l'anonymat et qui se reconnaîtront.

Nous adressons aussi notre profonde reconnaissance à celles et ceux dont l'aide généreuse, les conseils avisés, le savoir-faire et le soutien passionné ont également permis à cette exposition de voir le jour : Ingrid Belorgey, François-Xavier de Boissoudy, Anne van den Broek d'Obrenan, Philippe Casanova, Caroline Corrigan, Anna Gabrielli, Élisabeth Tarantino et l'équipe d'Illustria.

Les notices sont écrites par Antoine Tarantino
sauf mentions contraires indiquées dans le sommaire.

Sommaire

7 Avant-propos

LA MANIERA

Raffaello SINIBALDI, dit Raffaello da MONTELUPO
10 1 *Polyphème assis près d'un rocher*

Polidoro CALDARA, dit POLIDORO da CARAVAGGIO
12 2 *Études de personnages*

École italienne du milieu du XVIe siècle
14 3 *Étude d'un édifice circulaire imaginaire*
par Maria Beltramini

Francesco DE' ROSSI, dit Francesco SALVIATI
16 4 *Allégorie de l'Arno découvrant la ville de Florence*

Jacopino del CONTE
18 5 *Mariage mystique de sainte Catherine de Sienne avec les saintes Apolline, Ursule et Lucie*
par Antonio Geremicca

D'après Pietro BUONACORSI, dit PERINO del VAGA
24 6 *Études d'une femme allongée et d'une Renommée assise sur un globe*

Pellegrino TIBALDI
26 7 *Deux personnages drapés: l'un vu de face l'autre de dos*
par Nicholas Turner

Girolamo SELLARI, dit Girolamo da CARPI
28 8 *Études d'après un sarcophage antique*

BAROCCI ET LA MANIERA DANS LES MARCHES

Federico BAROCCI
32 9 *L'Annonciation*
34 10 *Étude pour le Christ du Noli me tangere*
36 11 *Saint François recevant les stigmates* (gravé par F. VILLAMENA)
38 12 *Le Pardon d'Assise* (d'après)
40 13 *Étude d'homme lisant*
par Andrea Emiliani

44 14 *La Madone du Rosaire apparaissant à saint Dominique de Guzmán* (atelier de)

Raffaello SCHIAMINOSSI
46 15 *La Vierge Immaculée*

Andrea LILLI, dit Andrea LILIO d'ANCONA
48 16 *Sainte Catherine d'Alexandrie*
50 17 *La Trinité avec le Christ mort porté par les anges*
52 18 *Dieu le Père apparaissant à deux saints franciscains*
54 19 *Saint François, saint Jacques de La Marche et un autre saint franciscain*

Ferrau FENZONI
56 20 *Deux études d'un soldat*
par Nicolas Schwed

Antonio VIVIANI, dit IL SORDO DI URBINO
58 21 *L'Incrédulité de saint Thomas*
60 22 *Saint Jean-Baptiste à la source* (attribué à)

Filippo BELLINI
62 23 *Le Repas à Emmaüs*

Felice DAMIANI
64 24 *Vierge à l'Enfant*
par Hans Villette

Alessandro CASOLANI
66 25 *La Vierge à l'Enfant remettant la couronne d'épines à sainte Catherine de Sienne*

Rutilio MANETTI
68 26 *Sainte famille avec le Mariage mystique de sainte Catherine de Sienne*
70 27 *La Prédication de saint Jean-Baptiste*

LA MANIERA ROMANA

Artiste maniériste actif à Rome au milieu du XVIe siècle
74 28 *Prophète* ou *Apôtre dans une niche*

Niccolo MARTINELLI DA PESARO, dit IL TROMETTA
76 29 *La Vierge à l'Enfant dans une gloire d'anges*
par Patrizia Tosini

Girolamo MUZIANO
78 30 *Le Christ remettant les clefs à saint Pierre*
par Patrizia Tosini

80 31 *La Pentecôte*
par Patrizia Tosini

Giuseppe CESARI, dit CAVALIERE D'ARPINO
82 32 *Dieu le Père*

Giovanni ALBERTI
84 33 *Le Triomphe de la croix*
par Patrizia Tosini

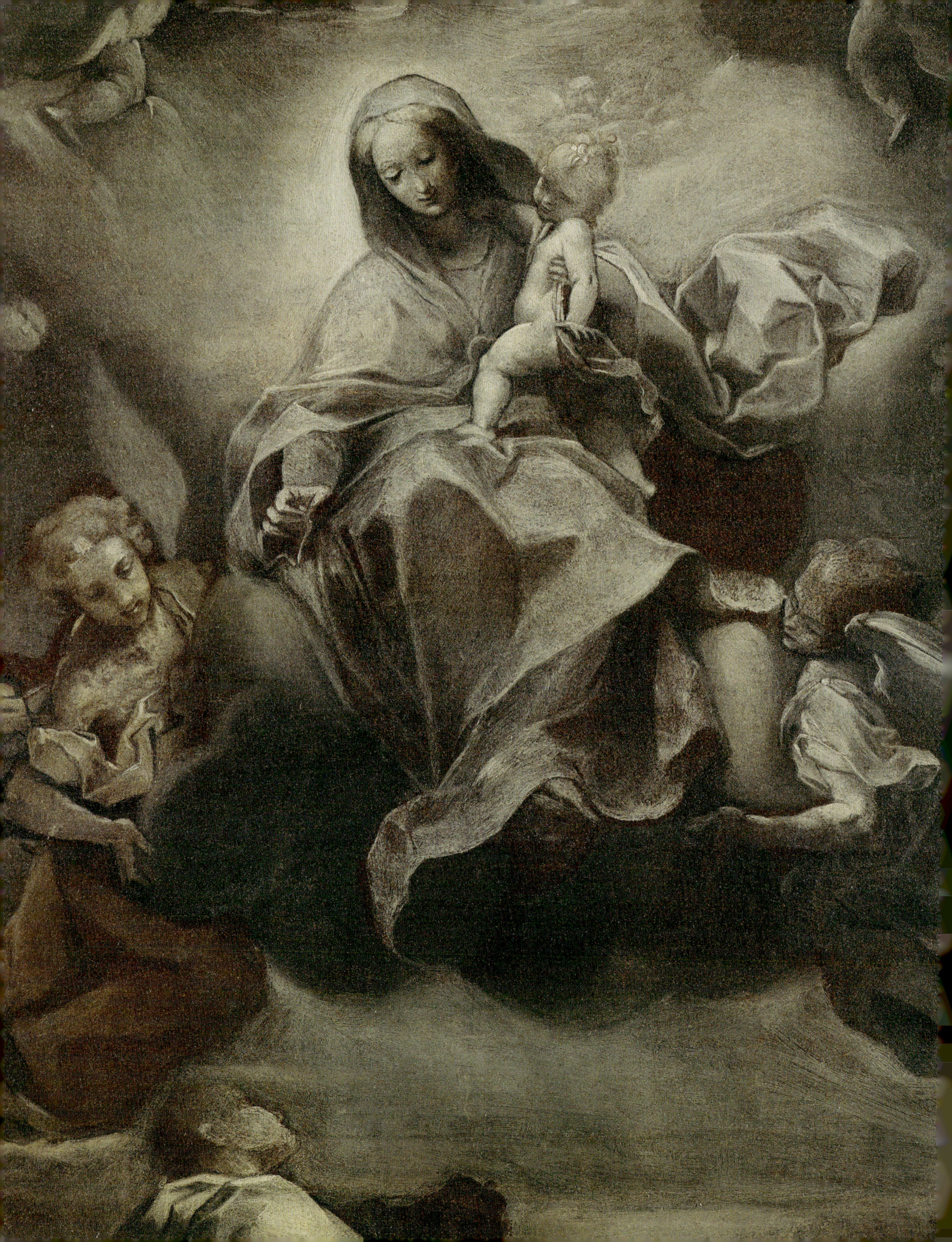

Avant-propos

À une époque où l'on constate une certaine raréfaction des pièces de qualité sur le marché des dessins et des tableaux anciens, l'idée d'une exposition consacrée au XVIe siècle italien, et plus particulièrement au courant maniériste, aurait pu paraître une gageure. Il aura fallu un bon coup de pouce de la Providence pour réunir en un temps limité un ensemble cohérent d'œuvres d'artistes italiens de cette période et dont l'exposition suscitera, espérons-le, l'intérêt des amateurs. Par *maniérisme* on entend généralement ce courant longtemps délaissé, surtout d'un certain public qui lui opposait systématiquement la Renaissance dont il n'était au mieux qu'une sorte de prolongation dégénérée, un peu à l'instar des artistes romains tentant de copier les grands maîtres grecs. Les principaux protagonistes se réduisaient il y a encore peu de temps à Jacopo da Pontormo, Rosso Fiorentino, Francesco Salviati et Giorgio Vasari. Injustement relégué sur un inconfortable strapontin à mi-chemin entre Renaissance et baroque, ce style protéiforme aux proportions exagérées et aux compositions artificielles et contorsionnées a peiné à trouver une légitimité. Son étude au cours des dernières décennies a toutefois permis d'en mieux comprendre l'évolution et d'en définir les caractéristiques sous des formes parfois très variées.

Après avoir évoqué la fin de la Renaissance au travers d'œuvres d'artistes contemporains de Raphaël comme Polidoro da Caravaggio, ou de Michel-Ange comme Raffaello Sinibaldi da Montelupo et Jacopino del Conte, l'exposition propose un chapitre consacré à Barocci et à ses suiveurs notamment dans les Marches et à Sienne. En effet au sein du courant maniériste Federico Barocci occupe une place très importante car il constitue une sorte de relais entre la Renaissance incarnée par son compatriote Raphaël dont il se sentait l'héritier légitime et le courant baroque dont il fut l'un des principaux précurseurs. Il nous a semblé intéressant de mettre en évidence les liens étroits unissant tous ces artistes, qu'ils aient été élèves du maître comme Antonio Viviani dit le Sordo d'Urbino ou Filippo Bellini, ou bien qu'ils en aient plus simplement subi l'influence comme Andrea Lilio d'Ancône ou les Siennois Alessandro Casolani et Rutilio Manetti (ce dernier exemple illustrant parfaitement le cas d'un artiste typiquement maniériste converti au caravagisme). Le maniérisme tardif trouvera illustration au travers d'artistes ayant travaillé à Rome dans la seconde moitié du XVIe siècle comme Niccolo Martinelli dit Trometta originaire des Marches, Girolamo Muziano artiste favori du pape Grégoire XIII Boncompagni ou Giuseppe Cesari dit le Cavalier d'Arpin, peintre officiel de Clément VIII Aldobrandini assumant le rôle de «charnière» entre maniérisme et baroque en tant que premier maître de Michelangelo Merisi dit le Caravage.

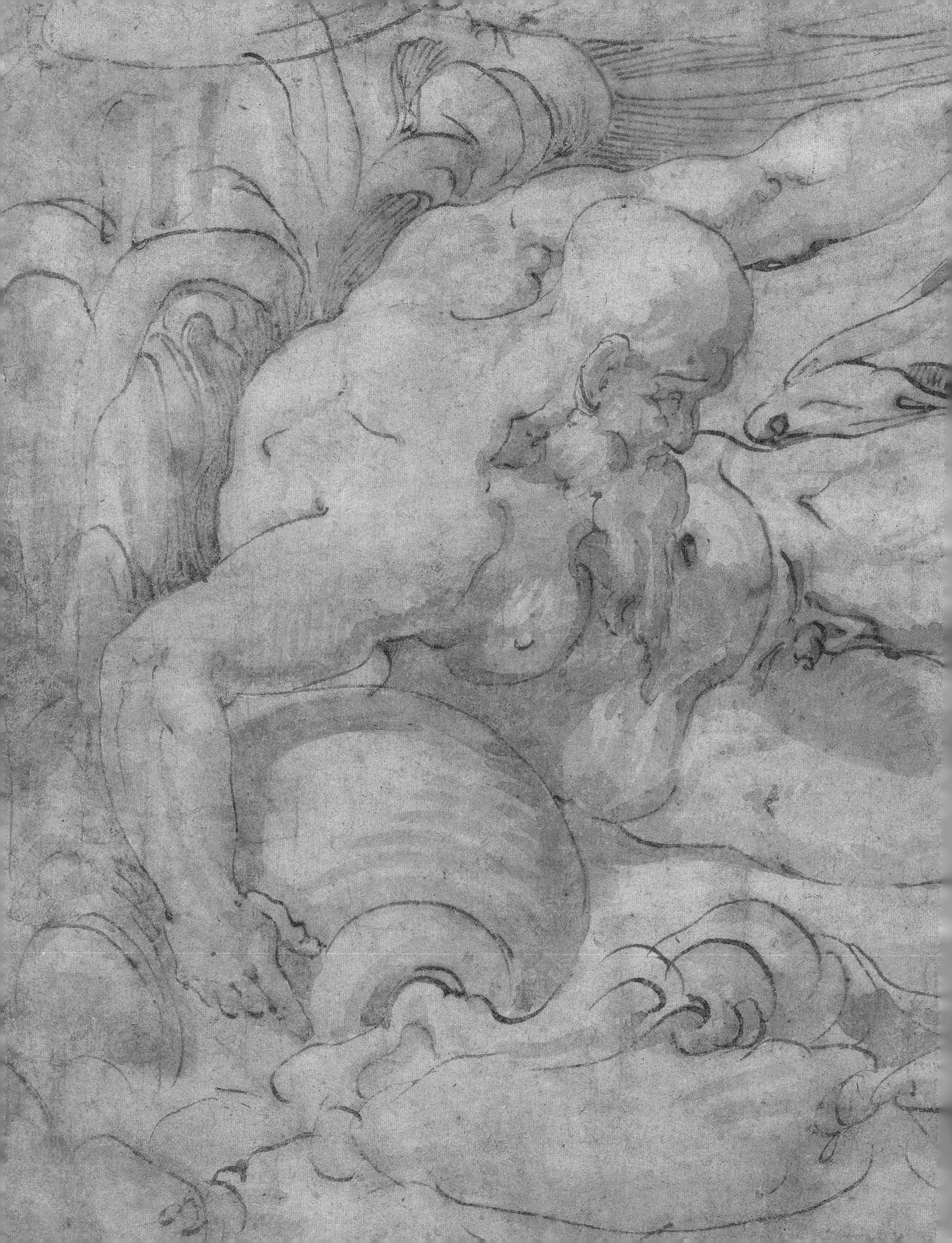

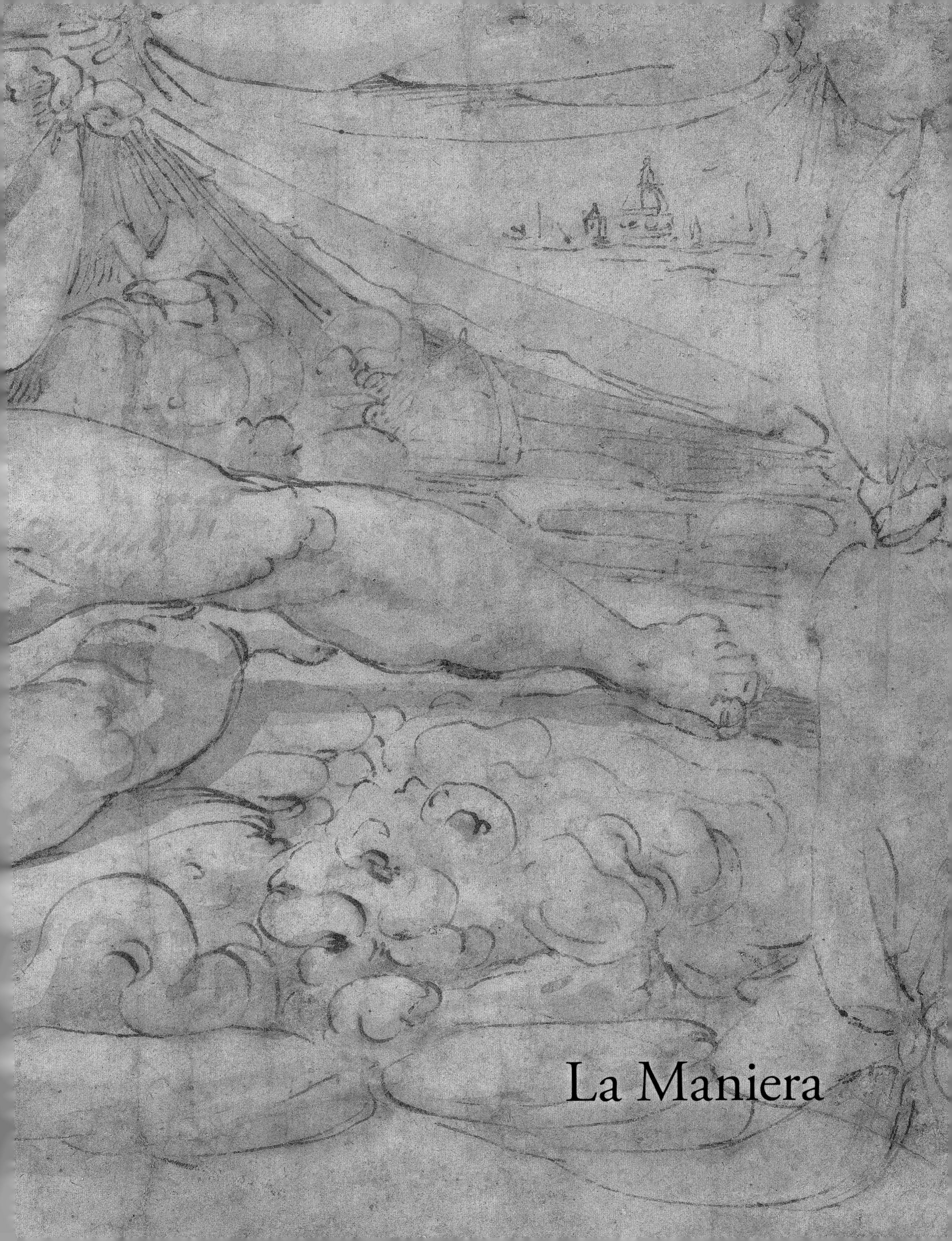

La Maniera

Raffaello SINIBALDI, dit Raffaello da MONTELUPO

(Florence, 1504 – Orvieto, 1566/7)

1 *Polyphème assis près d'un rocher*

Plume et encre brune.
181 × 140 mm.
Filigrane : arbalète dans un cercle surmonté d'une fleur de lys, proche de Briquet 762, vers 1530.
Bibliographie : Bruno Maier, *Il frammento autobiografico di Raffaello da Montelupo e la « Vita » di Benvenuto Cellini*, in « Problemi ed esperienze di critica letteraria », Siena, 1950 ; p. 42-43. Riccardo Gatteschi, *Vita di Raffaello da Montelupo*, Firenze 1998.

Raffaello est le fils du sculpteur Baccio da Montelupo, collaborateur de Michel-Ange. Comme son père, Raffaello travailla avec ce grand maître. Il prit part à certains chantiers importants tels que celui de la tombe de Jules II et des tombeaux des Medicis dans la Sacristia Nuova de San Lorenzo à Florence. Il est également connu pour avoir été nommé directeur de l'Opera del Duomo d'Orvieto. Ses dessins se caractérisent par des hachures montantes et descendantes tracées dans deux sens contraires, typiques de cet artiste ambidextre. Cette particularité est par ailleurs confirmée par l'artiste lui-même qui, dans son autobiographie reprise par Vasari, relate comment, alors qu'il dessinait sur le Colisée, passèrent Michel-Ange et Sebastiano del Piombo, qui s'émerveillèrent en le voyant aussi habile des deux mains : « Qui si può metere ancora come io disegno con la mano manca, e una volta sendo a Roma a designare a l'arco de Trasi da Coloseo, passò Michelagnolo e fra Bastiano del Piombo, si fermorono a vedere e perchè l'uno e l'altro era mancino naturale, inperò non facevano niente con la mancina, salvo le cose di forza ; e stetono un pezzo a vedermi maravigliandosi forte... » [1] ; da Giorgio Vasari... Vasari-Milanesi, *Le vite dè più eccellenti...*, Firenze, 1879, p. 359.
D'autres dessins de la même main sont notamment conservés au British Museum [2], à Windsor Castle [3], à l'Ashmolean Museum d'Oxford [4] et au Rijksmuseum d'Amsterdam [5]. L'attribution de cette feuille a été confirmée par le Dr Joannides.

1. « On peut écrire ici comment je dessine de la main gauche, et comment une fois, tandis que je dessinais à Rome, près de l'arc de Constantin, passèrent Michelange et Sebastiano del Piombo qui s'arrêtèrent pour me regarder, car l'un et l'autre étaient gauchers de naissance, mais ils ne faisaient rien de la main gauche, exceptées les choses de force ; et ils restèrent un moment à me regarder, émerveillés... »
2. *Études de figures*, inv. 1946,0713.375, P. Pouncey and J.A. Gere, *Italian drawings in the BM, Raphael and his circle*, London, 1962, I, n° 234, II, pls. 198-9.
3. *Scène de bacchanale*, inv. RCIN 990505.
4. *Hercule enfant et études diverses*, inv. WA1953.138.
5. *Femme nue endormie sous un arbre*, L.C.J. Frerichs, *Italiaanse tekeningen II de 15de en 16de EEUW*, Amsterdam 1981, p. 63, n° 131.

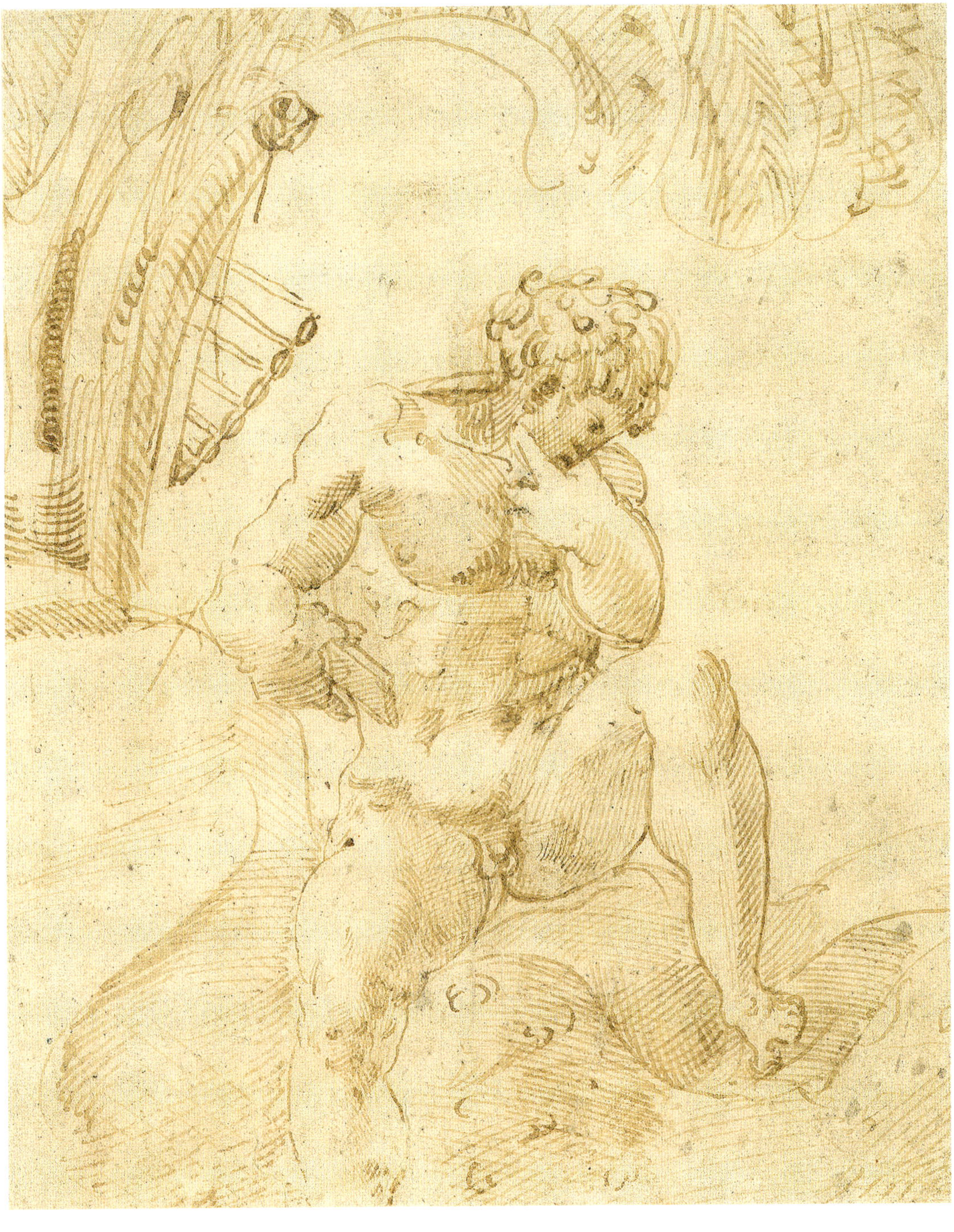

Polidoro CALDARA, dit POLIDORO da CARAVAGGIO

(Caravaggio, 1499 – Messine, 1543)

2 *Études de personnages*

Plume et encre brune sur papier bis.
185 × 267 mm.
Provenance : E. Calando, L. 837, en bas à gauche.
Bibliographie générale : Pierluigi Leone de Castris, *Polidoro da Caravaggio – L'opera completa*, Napoli 2001 ; Pierluigi Leone de Castris (sous la direction de), *Polidoro da Caravaggio fra Napoli e Messina*, Roma – Milano 1988 ; Dominique Cordellier, *Polidoro da Caravaggio*, Paris 2007.

Cette feuille au graphisme sûr et vigoureux montre une étude des plusieurs groupes de personnages probablement sans lien entre eux. À gauche, l'homme debout devant une femme agenouillée pourrait évoquer un *Noli me tangere* dont le personnage suivant constituerait une alternative. Le groupe de figures sur la droite semble quant à lui avoir son existence autonome, évoquant plutôt quelque Vénus dans la forge de Vulcain. Quoi qu'il en soit, si la finalité de ces études reste énigmatique, c'est parmi les suiveurs de Raphaël à Rome qu'il faut en chercher l'auteur. Les attitudes et les physionomies des personnages, nous invitent à rapprocher cette feuille de certaines études de la jeunesse de Polidoro da Caravaggio, disciple original du maître d'Urbino. Une partie importante de ses peintures (comprenant de nombreux décors de façades) ayant été détruite, il est aujourd'hui difficile de relier celles-ci aux dessins qui nous sont parvenus. Le corpus graphique est constitué d'un certain nombre de dessins réalisés à la sanguine et plus rarement à la plume comme c'est le cas ici. On y retrouve cependant les mêmes canons que dans notre feuille. Comme l'a écrit Dominique Cordellier [1], l'utilisation, plus rare, de la plume est peut-être un héritage de la collaboration entre Polidoro et Maturino da Firenze (Florence, 1490-Rome, 1528). Le département des Arts Graphiques du musée du Louvre conserve un *Saint Roch bénissant un pestiféré agenouillé*, feuille plus tardive mais encore assez proche de celle étudiée notamment par la même tension dans l'attitude des personnages [2]. Deux autres dessins à la plume peuvent également être rapprochés de la feuille exposée : les *Études pour une Vierge à l'Enfant avec saint Jean-Baptiste et d'autres figures dans un paysage*, (recto et verso) [3] et les *Deux femmes assises de profil vers la droite* cité dans la note 1 présentant une tête féminine comparable et coiffée d'une manière presque identique.

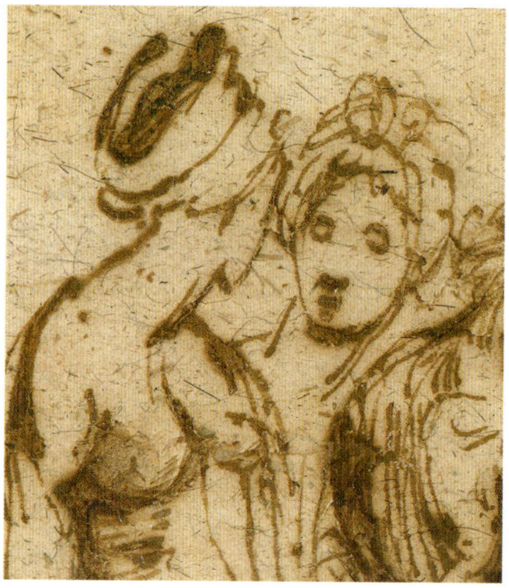

Détail

Nous remercions le professeur Pierluigi Leone de Castris qui a bien voulu confirmer le caractère autographe du dessin après examen de l'original, situant celui-ci vers la fin de la période romaine.

1. Dominique Cordellier, *L'Œil et la Passion, Dessins italiens de la Renaissance*, Paris 2011, p. 58-59, n° 6.
2. *Cf.* Dominique Cordellier, *Polidoro da Caravaggio*, Paris 2007, p. 82, n° 50.
3. Coll. part. anglaise ; *cf.* Pierluigi Leone de Castris, *Polidoro da Caravaggio – L'opera completa*, Napoli 2001, p. 234-235 et cat. D 116. *Cf.* également Pierluigi Leone de Castris (sous la direction de), *Polidoro da Caravaggio fra Napoli e Messina*, Roma – Milano 1988, p. 44-46, n° III c. 2.

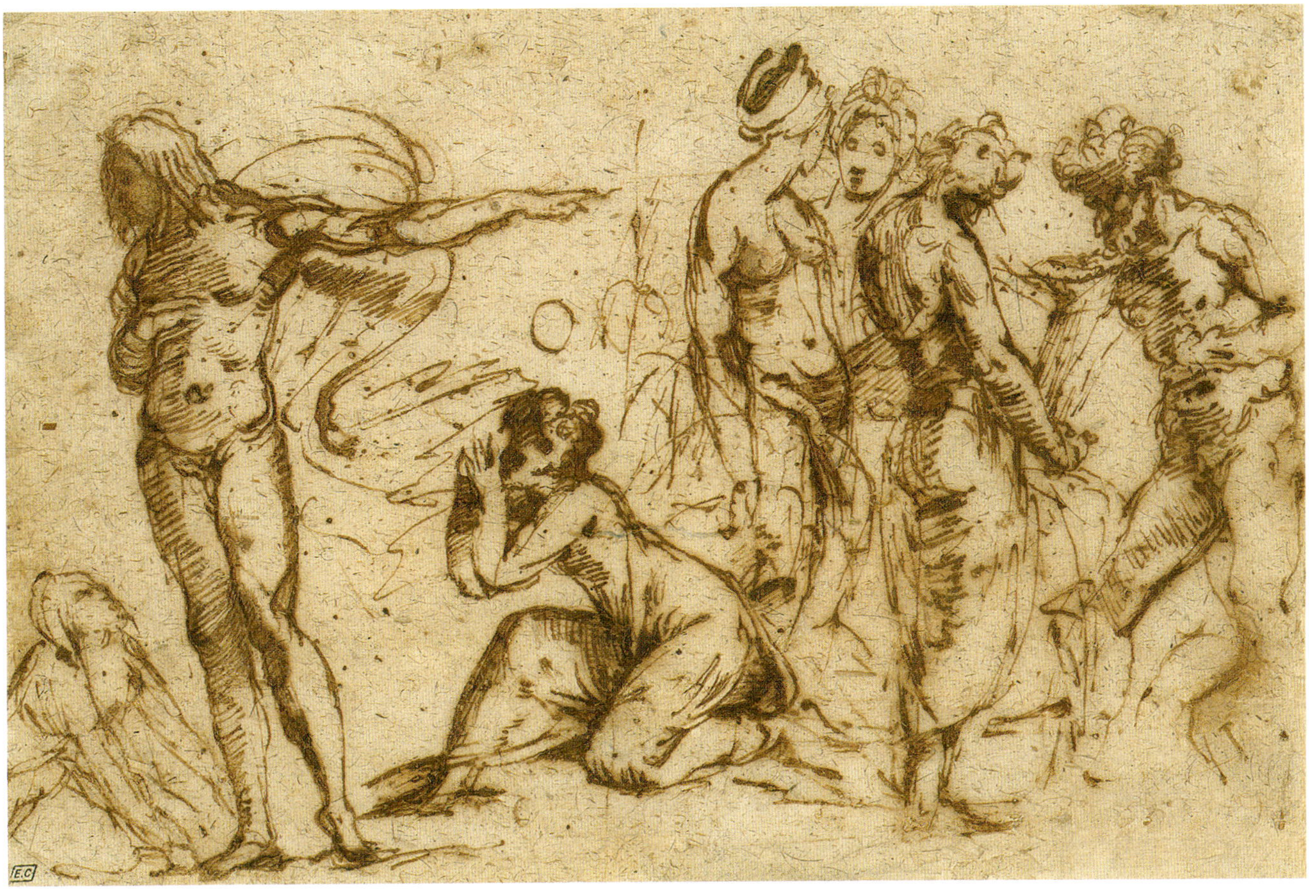
E.C

École italienne du milieu du XVIe siècle

3 *Étude d'un édifice circulaire imaginaire*

Plume et encre brune, sur traces de pierre noire.
222 × 217 mm.
Montage ancien portant le n° 253 à la plume et encre noire.

Le dessin représente d'une main libre et rapide un curieux édifice classicisant de plan circulaire partiellement ruiné, laissant apparaître à l'intérieur même un autre petit temple, également rond, coiffé d'une coupole et sectionné pour une large partie. Le dessin est doublé sur au moins trois côtés, comme le prouve la coupure franche de certains détails marginaux à droite, à gauche et en haut. Certains traits ont été repassés à la plume par la même main, d'une encre moins diluée et donc plus sombre.

L'édifice principal est constitué d'une base cylindrique sur laquelle s'appuient 18 colonnes (apparemment d'ordre ionique) supportant un entablement tripartite à frise lisse ; au second niveau, d'amples fenêtres en plein cintre correspondent aux entrecolonnes inférieurs ; les ouvertures intérieures sont flanquées de pilastres ; au-delà de la corniche se développe la calotte d'une coupole, seulement esquissée et interrompue par la marge supérieure de la feuille. Le petit temple intérieur, de structure plus complexe et « moderne », est lui aussi sur le podium et est articulé sur deux niveaux : le premier est scandé de pilastres supportant des arcades, encadrées de pilastres doriques (reposant à l'intérieur sur des piédestaux), ainsi que le montrent les triglyphes de la frise et les modillons correspondants à l'extérieur. Le second est percé de fenêtres carrées, alternant avec de petits pilastres ; la coupole qui le recouvre est à gradins à l'extérieur, creusée de trois rangées de caissons à rosette centrale et s'ouvre par un oculus en son sommet.

Le petit temple interne présente quelques incongruités ; sur le podium, dans la section en ruines, reposent des bases de colonnes et non de pilastres ; de plus, sur le côté droit, la corniche de l'entablement divisant les deux plans se prolonge à l'extérieur pour soutenir une balustrade, dont les petits pilastres s'entrevoient encadrés par les fenêtres. La balustrade manque complètement à gauche, sans qu'on n'en voie aucun fragment au sol ; elle réapparait toutefois entre certaines arcades du premier niveau, rendant sa fonction peu claire.

L'invention concentrique originale, la typologie centralisée et certain détails rappellent instinctivement le « tempietto » de San Pietro in Monitorio, réalisé par Donato Bramante (1444-vers 1513) dans les premières années de son séjour romain, et en particulier la planimétrie que donna Sebastiano Serlio du projet original, l'incluant dans son *Terzo Libro delle Antichità...* (Venezia 1540), où elle figure (a.c.XLI) tout à fait à l'intérieur d'une cour circulaire à colonnes, documenté nulle part ailleurs. Il est donc vraisemblable que la gravure serlienne ait été le point de départ de cette libre réinterprétation du chef d'œuvre de Bramante, par une main encore inconnue.

Maria Belltramini

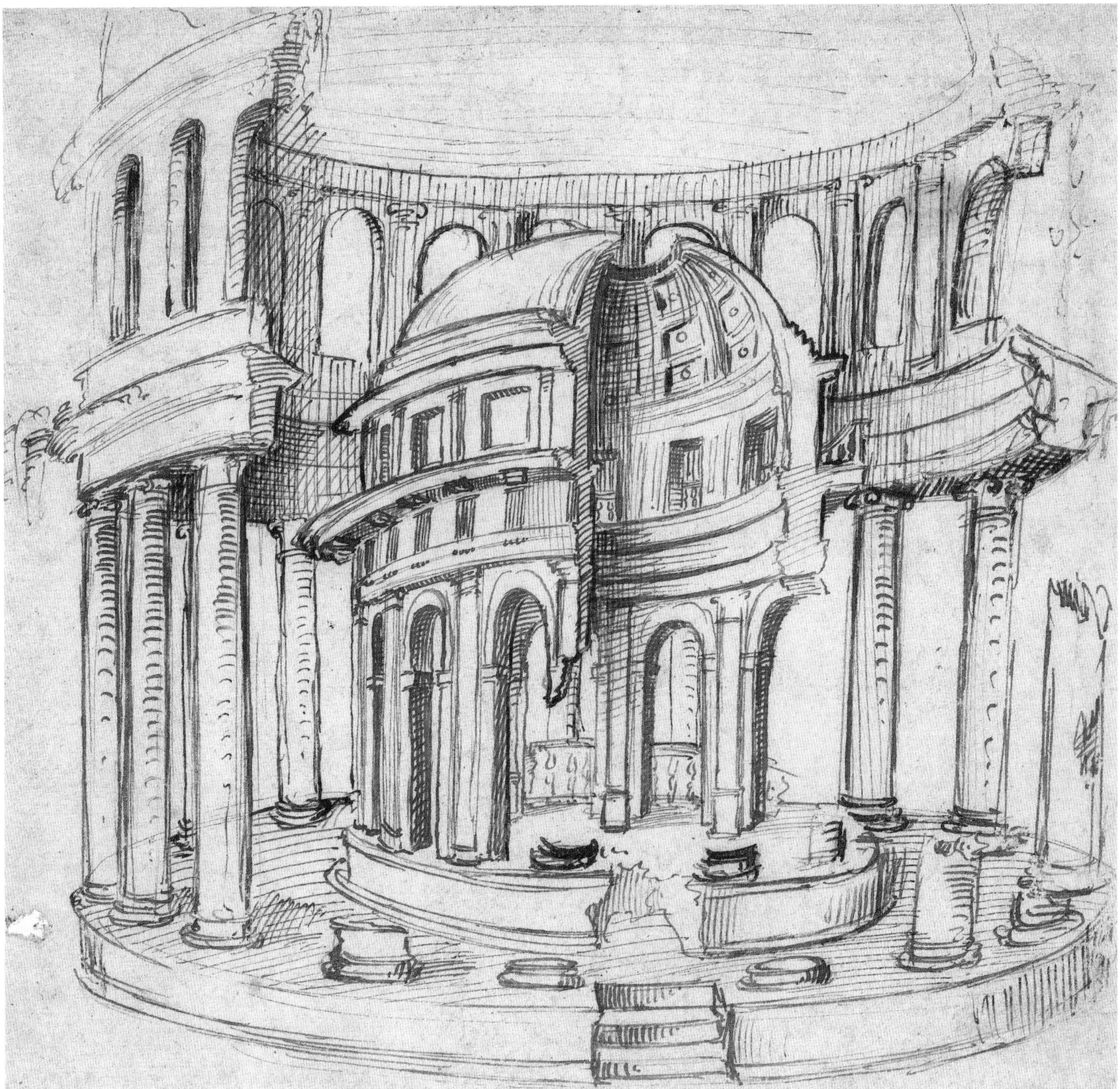

Francesco DE' ROSSI, dit Francesco SALVIATI, dit Cecchino SALVIATI

(Florence, 1510 – Rome, 1563)

4 *Allégorie de l'Arno découvrant la ville de Florence*

Plume et lavis d'encre brune.
234 × 340 mm.
Sur le montage ancien, « Michelang° » à la plume.
Provenance : collection particulière, Paris.

Ce dessin autographe a été mis en relation par Catherine Monbeig Goguel[1] avec un autre dessin conservé au département des Arts Graphiques du musée du Louvre[2] préparatoire lui aussi à la composition placée au-dessus des fenêtres donnant sur la piazza della Signoria, citée par Vasari dans sa biographie de Salviati « il fiume Arno, che avendo un corno di dovizia abondantissimo, scuopre (alzando con una mano un panno) una Fiorenza, e la grandezza de' suoi pontefici e gli eroi di casa Medici »[3]. La feuille correspond étroitement à cette description ainsi qu'au dessin du Louvre malgré quelques différences : le personnage se trouve ici dans une position plus horizontale et dans le sens opposé. Il est représenté chauve et non coiffé d'algues comme dans le dessin du Louvre (conformément aux représentations classiques des dieux-fleuves).

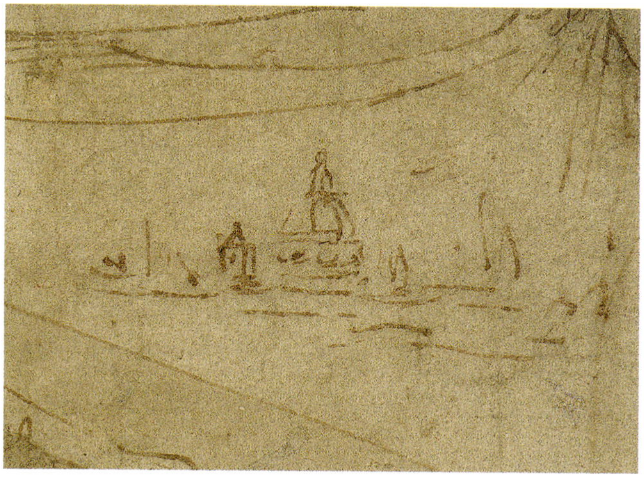

Détail

1. Catherine Monbeig Goguel, *Il disegno fiorentino nel Cinquecento – Uso e funzione*, in Roberto Paolo Ciardi et Antonio Natali (sous la direction de) « Storia delle arti in Toscana – Il Cinquecento », Firenze 2000, p. 271-272.
2. Inv. RF 38407.
3. « le fleuve Arno, qui, tenant une très riche corne d'abondance, découvre (levant de sa main un drapé) Florence et la grandeur de ses pontifes ainsi que les héros de la famille Médicis ».

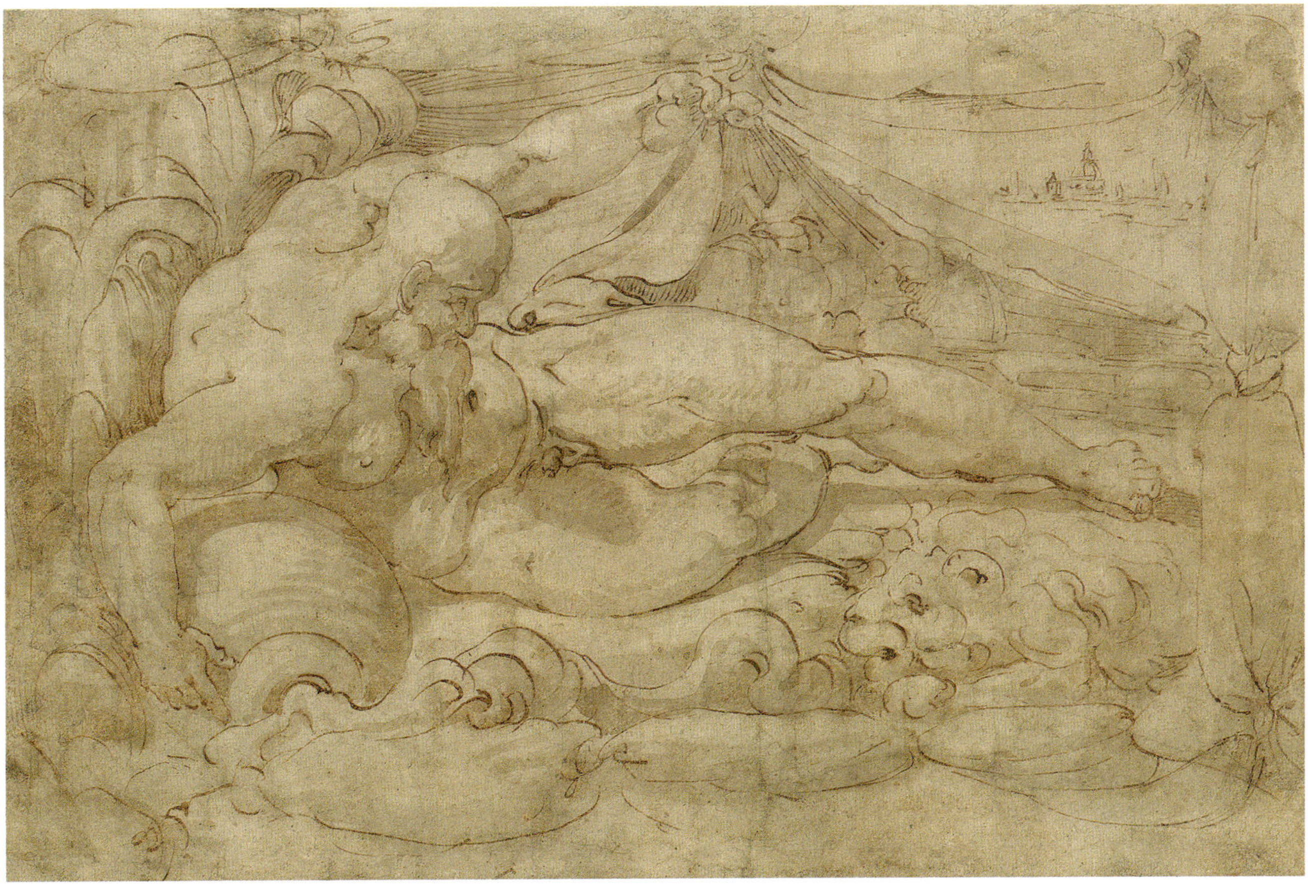

Jacopino del CONTE

(Florence, 1513/1515 – Rome, 1598)

5 *Mariage mystique de sainte Catherine de Sienne avec les saintes Apolline, Ursule et Lucie*
Vers 1538

Plume, encre brune et aquarelle.
230 × 202 mm.
Provenance : William Young Ottley (Londres, 1771 – 1836), L.2663, cachet en bas à gauche.

Costui, da giovinetto, disegnava tanto bene che diede speranza. Si Giorgio Vasari, dans *Le vite dei più eccellenti pittori, scultori e architettori* de 1568 [1], rappelait les qualités de dessinateur de Jacopino del Conte, la critique n'a eu que rarement l'occasion d'attribuer un dessin à l'artiste. En dépit des indications fournies par l'historiographe et de l'origine florentine du peintre – qui s'était formé vers la fin des années vingt dans l'atelier d'Andrea del Sarto (1486-1530) [2] – seule une feuille semble, actuellement, pouvoir être donnée avec certitude à Del Conte [3], tandis que les autres rares dessins lui étant attribués par la critique restent encore très discutés [4].
Le corpus graphique du peintre pourrait avoir été perdu en bloc – peut-être à cause de l'incurie de l'artiste ou de ses héritiers – néanmoins, il faut évidemment considérer l'éventualité que les dessins de Jacopino figurent parmi les anonymes florentins et romains de nombreux musées italiens et étrangers, ou qu'ils soient probablement insérés dans les catalogues d'autres artistes proches de lui par leur « manière ». Le manque de dessins reliés à un chantier au caractère autographe certain, comme les fresques de San Giovanni Decollato [5], n'a guère facilité les recherches dans cette direction, qui en effet, n'ont pas progressé au cours de ces dernières années.
Avec toutes les précautions requises et considérant les difficultés énoncées, nous proposons pour cette feuille – provenant de la prestigieuse collection du peintre et chercheur anglais William Young Ottley (1771-1836), comme le prouve

1. G. Vasari, *Le vite de' più eccellenti pittori, scultori, e architettori, nelle redazioni del 1550 e 1568*, sous la direction de P. Barocchi e R. Bettarini, VI, Firenze 1987, p. 522. Sur le peintre, voir tout d'abord : H. Voss, *La pittura del tardo Rinascimento a Roma e a Firenze* [Berlino 1920], avec un essai de R. Longhi et une note éditoriale de F. Abbate, Roma, 1994, p. 104-107 ; F. Zeri, « Intorno a Gerolamo Siciolante », *Bollettino d'arte*, XXXVI (1951), p. 139-149 ; I. Cheney, « Notes on Jacopino del Conte », *The Art Bulletin*, LII (1970), p. 32-40 ; F. Zeri, « Rivedendo Jacopino del Conte », *Antologia di Belle Arti*, II (1978), p. 114-121 ; E. Bassan, *Del Conte, Iacopo*, in *Dizionario biografico degli italiani*, XXXVI, Roma 1988, p. 462-465 ; A. Vannugli, « La "Pietà" di Jacopino del Conte per S. Maria del Popolo : dalla identificazione del quadro al riesame dell'autore », *Storia dell'arte*, LXXI (1991), p. 59-93 ; A. Donati, *Ritratto e figura nel Manierismo a Roma : Michelangelo Buonarroti, Jacopino Del Conte, Daniele Ricciarelli*, San Marino 2010, p. 117-163. Voir également, A. Vannugli, *Jacopino Del Conte (1513-1598)*, thèse de doctorat de recherches en histoire de l'art, Università degli studi di Roma La Sapienza, 1992 ; M. Corso, *Jacopino del Conte nel contesto artistico romano tra gli anni trenta e gli anni cinquanta del Cinquecento*, thèse de doctorat de recherches en histoire de l'art, Università degli studi di Roma Tre, 2012/2013.

2. Sur la phase juvénile de l'artiste voir A. Geremicca, « Note a Jacopino del Conte e approfondimenti sulla sua attività giovanile », *Proporzioni*, XIII-XIV (2016), (in corso di pubblicazione).

3. *Autoportrait*, pierre noire, plume et encre brune sur papier, 16,3 × 13 cm, Vienne, Albertina, inv. 502. Voir : V. Birke, J, Kertés, *Die italienischen Zeichnungen der Albertina : Generalverzeichnis*, I, Wien 1992, p. 281. L'attribution du dessin – depuis longtemps donné à l'artiste mais porté à l'attention des recherches dans I. Cheney, *Notes on, cit.*, p. 39, nota 51 – se fonde sur la comparaison avec l'autoportrait de Jacopino figurant dans la *Pietà Massimo* (Roma, Galleria di Arte Antica di Palazzo Barberini) et mentionnée dans G. Baglione, *Le vite de' pittori, scultori e architetti dal pontificato di Gregorio XIII fino a tutto quello d'Urbano VIII* [Roma 1642], réimpression enrichie de l'index des objets, des noms et des lieux, sous la direction de C. Gradara Pesci [Velletri 1924], Sala Bolognese, Forni, 2008, p. 75.

4. En dehors du susmentionné *Autoportrait* de l'Albertina, à ma connaissance, seul le dessin n° 652S del Gabinetto Disegni e Stampe degli Uffizi – identifié dans V. Pace, « Osservazioni sull'attività giovanile di Jacopino del Conte », *Bollettino d'arte*, LVII (1972), p. 220-221 – et la feuille n° 793 du musée du Louvre (P. Costamagna, *L'étude d'après les maîtres et le rôle de la copie dans la formation des artistes à Florence au XVIe siècle*, in *Disegno. Actes du Colloque du musée des Beaux-Arts de Rennes*, 9-10 novembre 1990, Rennes 1991, p. 51-62 : 56-57) n'ont jamais été mis en doute, tandis que les autres propositions d'attribution sembleraient mises de côté.

5. Il est en effet assez surprenant qu'aucun dessin n'ait survécu pour un chantier aussi important. L'unique feuille attribuée à Jacopino pour la *Prédication de saint Jean-Baptiste* par Anny E. Popp, « Jacopino del Conte (1510-1598) », *Old Master Drawings*, II (1927), p. 7-8 – il s'agit du n° 23751 de l'Albertina de Vienne – a été justement rendu à Perino del Vaga par J. Gere ([Recension sur] Karl Theodor Parker, « Catalogue of the collection of drawings in the Ashmolean Museum ». – Oxford 1957, *The Burlington Magazine*, XCIX (1957), p. 159-162 : 161).

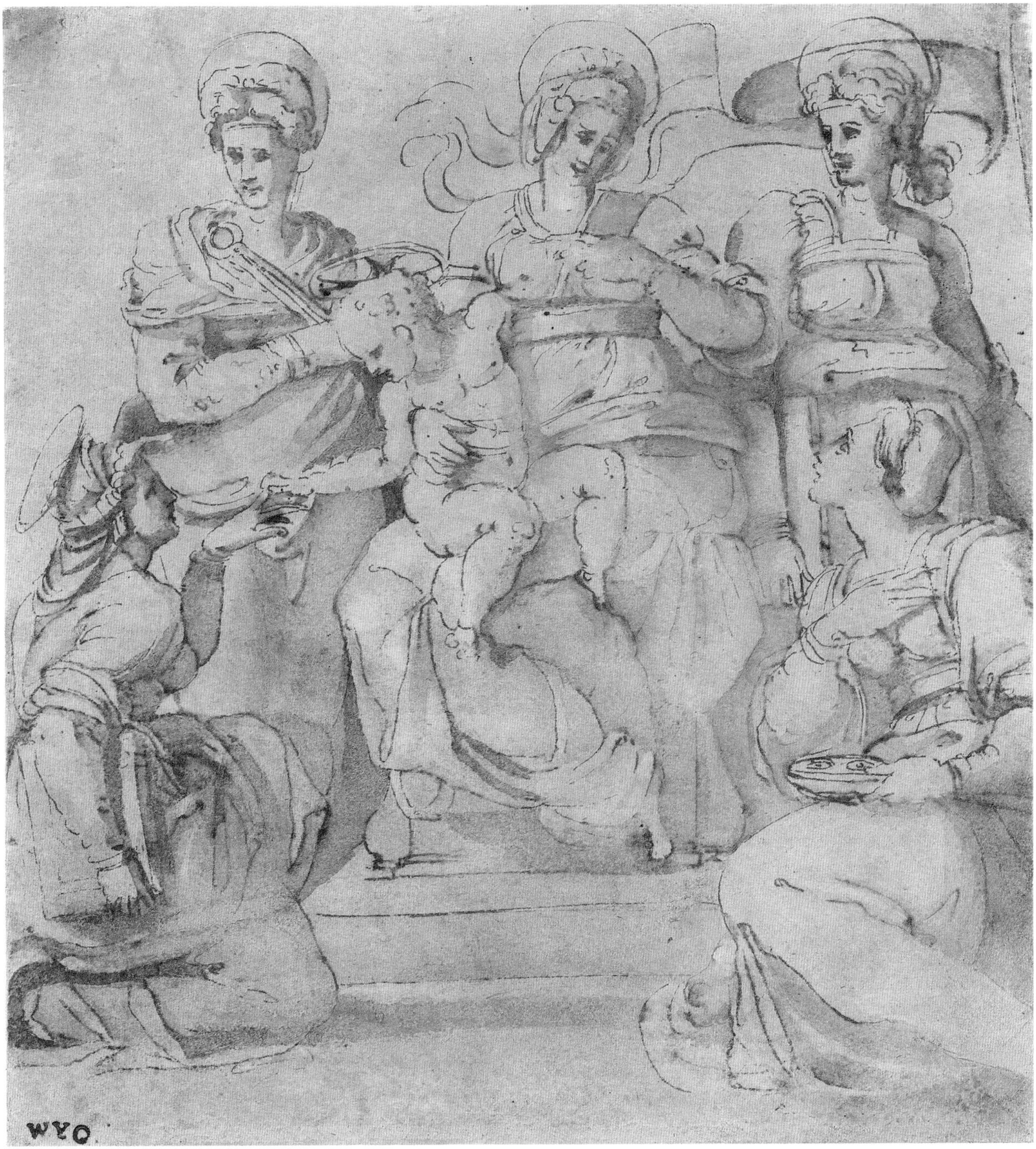
WYO

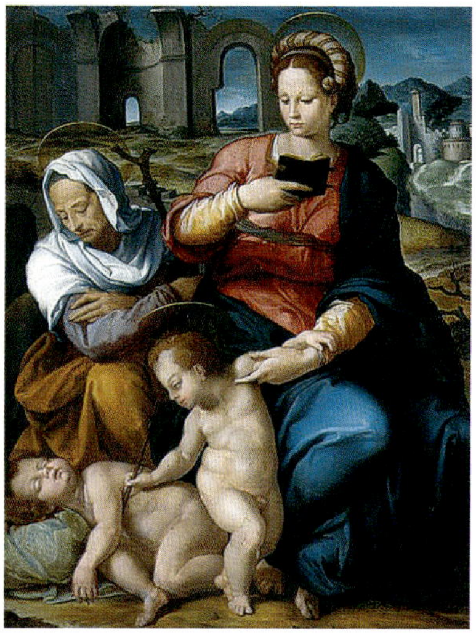

Fig. 1 : Jacopino del Conte, *La Vierge à l'Enfant avec saint Jean-Baptiste et sainte Élisabeth*, Cambridge, Fitzwilliam Museum.

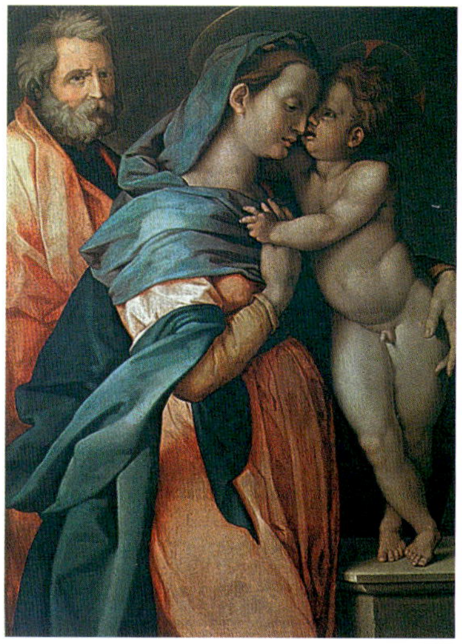

Fig. 2 : Jacopino del Conte, *La Sainte Famille*, New York, Metropolitan Museum of Art.

la marque WYO apposée dans l'angle inférieur gauche de la feuille[6] – le nom de Jacopino del Conte[7]. Il s'agit d'un dessin à la plume et à l'encre brune, en partie aquarellé, qui du point de vue technique ne trouve pas d'équivalent dans le catalogue restreint des dessins de l'artiste. Son *Autoportrait* de l'Albertina de Vienne et deux autres feuilles acceptées par la critique[8] sont à la pierre noire – cependant, la paternité jacopinienne est suggérée, comme nous le verrons, par un nombre non négligeable d'éléments communs avec un groupe d'œuvres réalisées par le peintre à la fin des années 1530[9].

La comparaison la plus pertinente est à faire, en premier, avec la *Vierge à l'Enfant, sainte Élisabeth et saint Jean* du Fitzwilliam Museum de Cambridge (**fig. 1**), tableau attribué à l'artiste pour la première fois par John Shearman[10], jamais contesté par la critique et datable, sur des bases stylistiques, entre 1538 et 1541, années au cours desquelles Jacopino exécute le second et le troisième épisode du cycle de fresques de l'Oratoire de San Giovanni Decollato : *La Prédication de saint Jean-Baptiste* et le *Baptême du Christ*[11]. Le dessin partage, reprise en contrepartie, l'entière figure de la Vierge du tableau de Cambridge, représentée assise avec les jambes croisées, absorbée par la lecture d'un petit livre de prières. L'Enfant cherche à la distraire, se tenant sur sa mère, penché en avant et dialoguant avec un autre protagoniste de la sainte conversation : le petit saint Jean-Baptiste dans le tableau anglais, sainte Catherine de Sienne dans le dessin[12].

Le dessin représente, en effet, le mariage mystique de la sainte siennoise en présence de sainte Apolline d'Alexandrie, debout à gauche, présentée avec son iconographie traditionnelle (les tenailles pour lui arracher les dents) ; du côté opposé, sainte Ursule, avec la bannière croisée et, en bas à droite, sainte Lucie, clairement reconnaissable grâce aux yeux portés de la

6. Fondamental sur le sujet : J. Gere, « William Young Ottley as a collector of drawings », *The British Museum quarterly*, XVIII (1953), p. 44-53. Actuellement, la recherche du dessin dans les catalogues de vente de la collection ne s'est pas révélée fructueuse. Comme on sait, la collection Ottley comprenait des centaines de dessins, dont seulement une partie fut mise aux enchères dans la fameuse vente de 1814 (*Entire cabinet of original drawings. A catalogue of th… collection of original drawings by the great masters of all the schools… formed… by William Young Ottley*. Which will be sold by auction, under the direction of T. Philipe, June 6, 1814). Une partie des dessins fut en effet vendue lors de ventes anonymes précédentes, une autre partie le fut directement à des collectionneurs tels que Sir Thomas Lawrence.

7. Cet avis est partagé par Marco Simone Bolzoni, Matteo Gianeselli et Arianna Petraccia, qui avaient, préalablement à l'attribution, fait connaître leur opinion à Antoine Tarantino.

8. Voir les notes 3, 4 et 5.

9. D'autre part on ne peut exclure que Jacopino utilisât cette technique dans la mesure où celle-ci fut appréciée par les artistes contemporains et ayant reçu la même formation, comme Francesco Salviati et Giorgio Vasari, et également des maîtres plus mûrs comme Perino del Vaga, qui, dans les études sur l'artiste, apparaît de plus en plus comme un point de référence. Voir à ce sujet : M. Corso, A. Geremicca, « Nei dintorni di Perino. Francesco Salviati a Genova in un documento inedito », *Mitteilungen des Kunsthistoriscen Institut in Florenz*, LV (2013), p. 286-295 ; M. Corso, *Con Jacopino del Conte (e Perino del Vaga) nell'Oratorio di San Giovanni Decollato*, in *Francesco Salviati « spirito veramente pellegrino ed eletto »*, sous la direction d'A. Geremicca, Roma 2015, p. 53-63.

10. J. Shearman, *Andrea del Sarto*, I, Oxford 1965, p. 170, note 4.

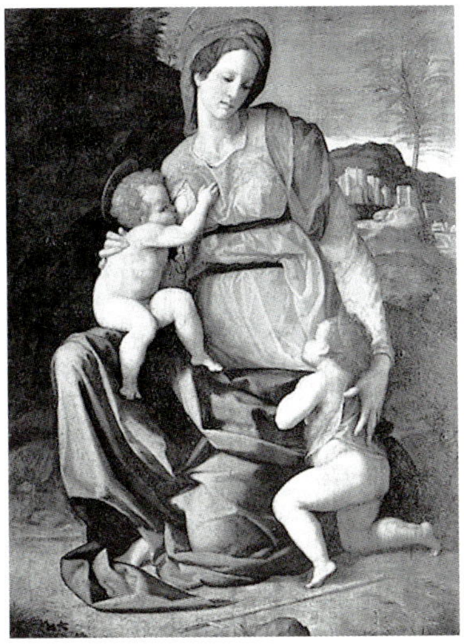

Fig. 3 : Jacopino del Conte, *La Vierge à l'Enfant avec saint Jean-Baptiste*, Florence, Galerie des Offices.

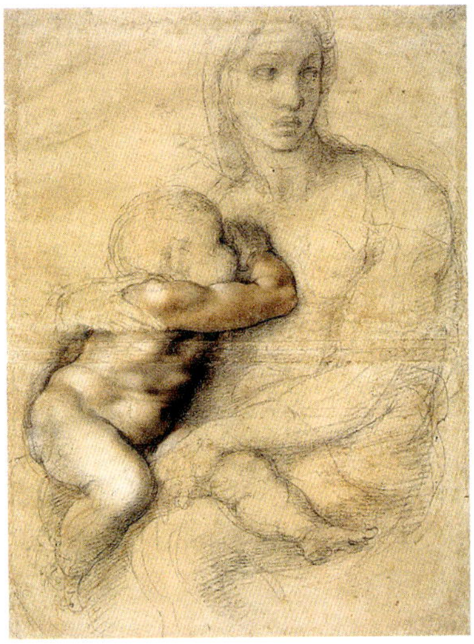

Fig. 4 : Michel-Ange, *Étude pour la Madone Medicis*, Florence, Casa Buonarroti, inv. 71.

main gauche. La présence dans la composition, uniquement de saintes, vierges et martyres, fait imaginer ce dessin comme préparatoire à un tableau d'autel destiné à un couvent féminin, comme celui de sainte Catherine de Sienne à Florence – considérant le sujet du dessin – qui se trouvait à San Marco et fut supprimé au XIXe siècle [13]. Au cours des premières années de sa carrière, Jacopino devait être accoutumé à ce type de commande, considérant que même la *Vierge à l'Enfant* de la Galerie des Offices (**fig. 2**), comme indiqué par une étiquette au dos du tableau et à laquelle la critique n'a pas prêté attention [14], provient de l'église de Sant'Ambrogio, annexée au seizième siècle au couvent adjacent des mères bénédictines [15]. Pour revenir à la composition, l'Enfant est aussi très proche de celui du tableau du Fitzwilliam Museum : même torsion du buste, même manière de composer l'épaule gauche, cherchant l'appui de la mère pour contrebalancer le mouvement penché vers l'avant et même manière d'articuler le bras droit ; enfin, même profil du visage (dans le cas de la *Vierge* anglaise ; à regarder sur la photo publiée par Cheney en 1970, avant qu'une restauration outrageuse n'en transforme l'aspect [16]). Les jambes de l'Enfant se retrouvent, en revanche, dans la *Vierge* des Offices déjà citée (**fig. 3**) et renvoient aux études conduites par l'artiste sur Michel-Ange, en particulier sur le dessin n° 71 de la Casa Buonarotti (**fig. 4**), composition dans laquelle le sculpteur représente la Vierge allaitant, considérée comme préparatoire à la *Madone Médicis* [17].

Sur le plan stylistique, la comparaison avec la *Vierge à l'Enfant, sainte Élisabeth et saint Jean* de la National Gallery de Washington (**fig. 5**), exécutée probablement vers 1538, entre la fresque avec l'*Annonce à Zacharie* et la *Prédication de saint Jean-Baptiste* de l'Oratorio di San Giovanni Decollato, est encore plus éloquente. À ce moment Jacopino semble dépasser sa formation « sartesque » à travers une assimilation de plus en plus consciente et aboutie de l'art de Michel-Ange [18]. Les

11. On rend compte de cette datation de la fin des années trente – début des années quarante dans A. Geremicca, *Note a Jacopino del Conte, cit.* Nous considérons comme trop précoce la récente datation de 1534 hypothétisée dans A. Donati, *Ritratto e figura nel Manierismo a Roma, cit.*, p. 129-130.

12. Le soin avec lequel l'artiste insère les éléments iconographiques et l'absence de la roue ne laissent aucun doute sur le fait que la sainte ne soit pas Catherine d'Alexandrie.

13. Sur le couvent des dominicaines fondé en 1500 par Camilla Bartolini Davanzati, voir W. Paatz, E. Paatz, *Die Kircher von Florenz*, I, Frankfurt am Main 1940, p. 434-439 ; O. Fantozzi Micali, P. Roselli, *Le soppressioni dei conventi a Firenze. Riuso e trasformazioni dal sec. XVIII in poi*, Firenze 1980, p. 98-99, cat. 17 (avec bibliograpie précédente et références des documents d'archives).

14. Sur le tableau : F. Zeri, « Salviati e Jacopino del Conte », *Proporzioni*, II (1948), p. 180-183 : 181 ; I. Cheney, *Notes on Jacopino, cit.*, p. 33 ; A. Donati, *Ritratto e figura nel Manierismo a Roma, cit.*, p. 127.

15. Voir W. Paatz, E. Paatz, *Die Kircher von Florenz, cit.*, p. 21-43 ; O. Fantozzi Micali, P. Roselli, *Le soppressioni dei conventi a Firenze, cit.*, p. 68-69, cat. 2.

16. I. Cheney, *Note on Jacopino, cit.*, fig. 3.

17. M. Corso, *Jacopino del Conte nel contesto artistico, cit.*, p. 38-39.

18. Voir : A. Geremicca, *Note a Jacopino del Conte, cit.* ; M. Corso, *A lato di Venusti : Michelangelo visto da Jacopino del Conte*, in *Intorno a Venusti*, actes de la journée d'études (Rome, Galleria Corsini 12 mai 2015) sous la direction de B. Agosti e G. Leone, Soveria Mannelli 2016, p. 55-63 (en cours de publication).

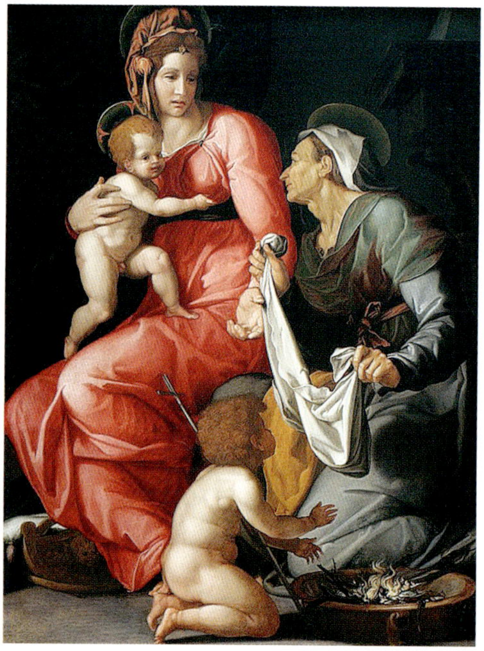

Fig. 5 : Jacopino del Conte, *La Vierge à l'Enfant avec saint Jean-Baptiste et sainte Élisabeth*, Washington, National Gallery of Art.

consonances entre le tableau et le dessin sont si nombreuses et évidentes, dans la manière d'allonger le cou et le visage des figures féminines, de choisir des coiffures composites prévoyant des coiffes avec des voiles tressés dans les cheveux – influencées par les têtes idéales de Michel-Ange, en particulier de la *Cléopâtre*, entre les mains alors du jeune Tommaso de' Cavalieri précisément à Rome –, aussi dans l'emploi d'une auréole crucifère pour l'Enfant Jésus, que Jacopino utilise seulement dans trois autres tableaux, tous réalisés à ce même moment : la *Sainte Famille* du Metropolitan Museum of Art de New York (**fig. 2**), la *Vierge à l'Enfant* de Knole House (**fig. 6**) et la déjà citée *Vierge* de Washington (**fig. 5**). Il s'agit d'un groupe d'œuvres, des mêmes années, montrant bien la maturation picturale de Jacopino, qui conjugue lentement, d'abord à l'aide de citations, puis d'une manière plus consciente, Michel-Ange et Andrea del Sarto. Le dessin étudié, se situe vraiment dans la phase terminale du processus à peine décrit.

Pourtant, la formation florentine de l'artiste et les références à Rosso Fiorentino et à la grande tradition toscane n'en ressortent pas moins, surtout dans la gestion de la Sainte Conversation pour laquelle Jacopino a manifestement regardé Andrea del Sarto. La composition est « sartesque », par la Vierge placée sur un trône peu élevé – avec les autres personnages disposés autour d'elle, presque au même niveau, à la manière d'une corolle – et deux figures agenouillées au premier plan comme des parenthèses intégrant la scène dans une conversation commune. Il s'agit d'une solution classique d'Andrea del Sarto. À la différence de Fra Bartolomeo qui développe ses saintes conversations à partir de la *Vierge au baldaquin* de Raphaël, presque toujours verticalement – Andrea sel Sarto tente de réduire la distance entre la scène sacrée et le spectateur, organisant progressivement la composition en profondeur et lui conférant une structure horizontale/circulaire solide, où les lignes verticales de l'architecture sont peu présentes. L'architecture ne semble d'ailleurs pas avoir été prévue dans notre dessin. Les modèles d'Andrea se retrouvent, une fois encore, dans les deux saintes courbées au premier plan, pour lesquelles on pourrait suggérer plusieurs comparaisons. Il suffirait de citer la sainte Catherine d'Alexandrie (**fig. 7**) du *Retable de Poppi* de la Galerie Palatine de Florence. Pour le retable, l'un des derniers réalisés par le maître, il faut rappeler qu'il a été tenté à maintes reprises de discerner la collaboration des différents élèves [19].

Les profils effilés des saintes du premier plan, comme l'élongation extrême des doigts en pointe – aspect qui rapproche ce dessin de la production graphique de Perino del Vaga et de Francesco Salviati – semblent, enfin, mettre en évidence un certain parallèle avec le *Retable Dei* de Rosso Fiorentino, œuvre terminée par l'artiste en 1522 pour l'église de Santo Spirito et aujourd'hui exposée au Palais Pitti. On peut comparer spécifiquement, les figures de Jacopino avec la sainte Cécile et saint Bernard de Clairvaux (**fig. 8**). Si l'on admet la proposition d'une exécution florentine du dessin vers 1538, alors que Jacopino se trouvait à Florence sur le chantier de l'Oratorio [20] – une reprise du Rosso dans ces années-là ne paraîtra pas surprenante. On ne s'étonnera pas de voir Cecchino parvenir à peu près au même résultat pour le dessin préparatoire au *Retable de Santa Cristina* de Bologne (**fig. 9**) [21].

Antonio Geremicca

19. Concernant ce problème, voir au moins : S. Padovani in *Andrea del Sarto 1486-1530. Dipinti e disegni a Firenze*, catalogue de l'exposition (Firenze, Palazzo Pitti 8 novembre 1986-1 marzo 1987) sous la direction de M. Chiarini, Firenze 1986, p. 166-169, cat. XXIX ; A. Natali, A. Cecchi, *Andrea del Sarto. Catalogo Completo*, Firenze 1989, p. 140-141, cat. 70.

20. P. Costamagna, A. Fabre, « Di alcuni problemi della bottega di Andrea del Sarto », *Paragone*, XLII (1991), p. 15-28 : 28, note 44.

21. Voir au moins à ce sujet : D. McTavish, *From Rome and Florence to Venice : Some Observations on the Painter's Art about 1540*, in *Francesco Salviati « spirito veramente pellegrino ed eletto »*, sous la direction d'A. Geremicca, Roma 2015, p. 65-74.

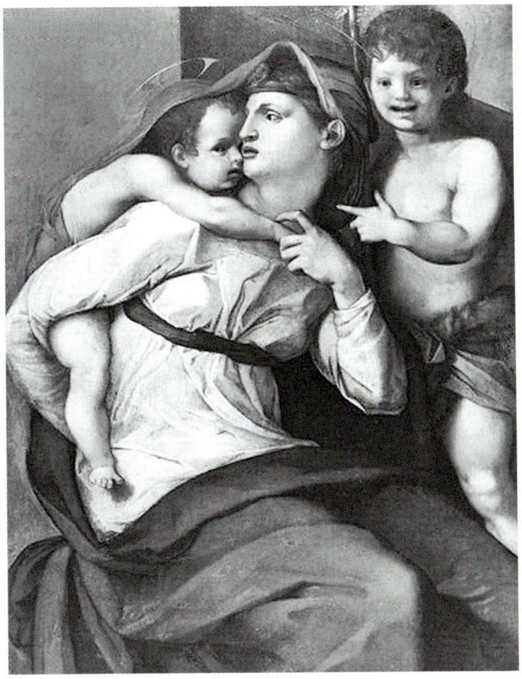

Fig. 6 : Jacopino del Conte, *La Vierge à l'Enfant avec saint Jean-Baptiste*, Kent, Knole House, Collezione Lord Sackville.

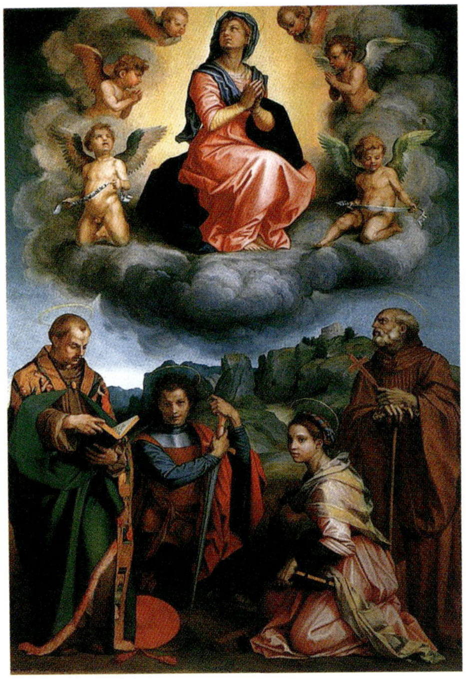

Fig. 7 : Andrea del Sarto (et atelier ?), *Pala di Poppi*, Florence, Galerie Palatine.

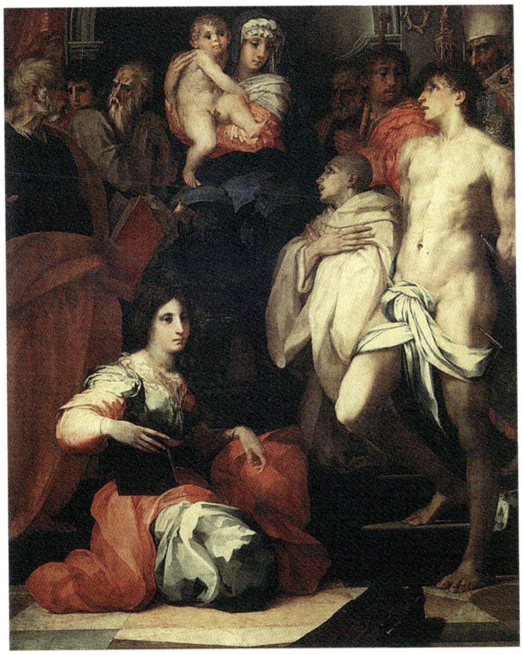

Fig. 8 : Rosso Fiorentino, *Pala Dei*, Florence, Galerie Palatine.

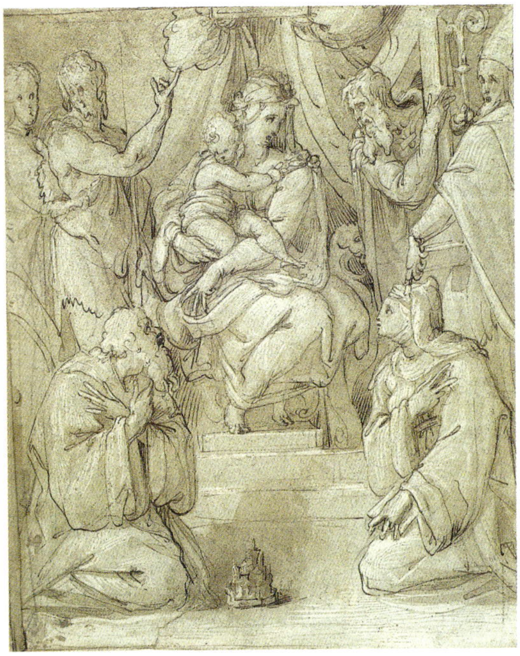

Fig. 9 : Francesco Salviati, *Vierge en majesté avec l'Enfant Jésus et des saints*, Linz, Graphische Sammlung des Stadtmuseum.

D'après Pietro BUONACORSI dit PERINO del VAGA

(Florence, 1501 – Rome, 1547)

6 *Études d'une femme allongée et d'une Renommée assise sur un globe*

Plume et encre brune.
157 × 112 mm.
Bibliographie comparative : Elena Parma Armani, *Perin del Vaga, L'anello mancante*, Sagep Editrice Genova 1986, p. 17-18, 40-41.

Ce dessin est une étude d'après une fresque réalisée par Raphaël et son atelier dans la Loggetta du cardinal Bibbiena au Vatican vers les années 1516-1517 (**fig. 1**). La fresque, hélas mal conservée, permet néanmoins de reconnaître la figure ailée de la Renommée assise sur un globe attribuée par Elena Parma Armani à Perino del Vaga dont notre dessin s'inspire directement. Le Kunstmuseum de Düsseldorf conserve un dessin attribué à Perino représentant la même allégorie mais sans la figure féminine allongée figurant sur le nôtre (**fig. 2**).

Par son style très soigné et par le réseau de hachures croisées évoquant le travail d'un graveur, notre feuille se rapproche des dessins réalisés par certains artistes bolonais à Rome tels que Giulio Bonasone ou Marcantonio Raimondi qui traduisit en gravure une autre fresque de Raphaël peinte au Vatican pour le même cardinal Bibbiena et représentant *Vénus sortant du bain*.

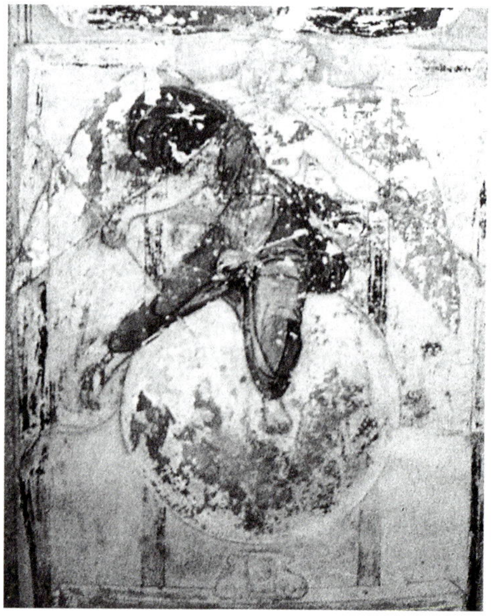

Fig. 1 : Perino del Vaga, *Renommée*, Loggetta du cardinal Bibbiena, Vatican.

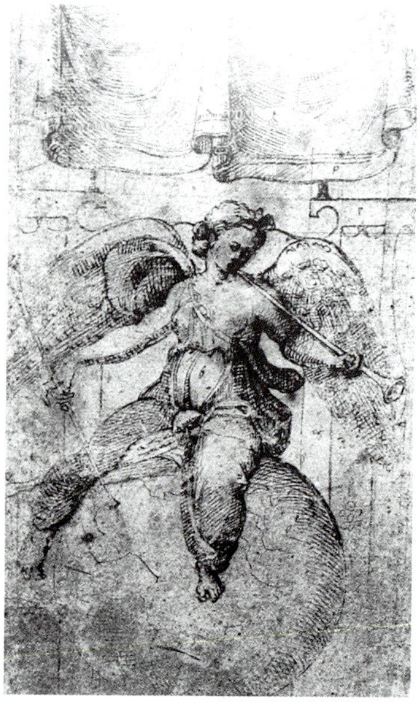

Fig. 2 : Perino del Vaga, *Renommée*, Kunstmuseum Düsseldorf.

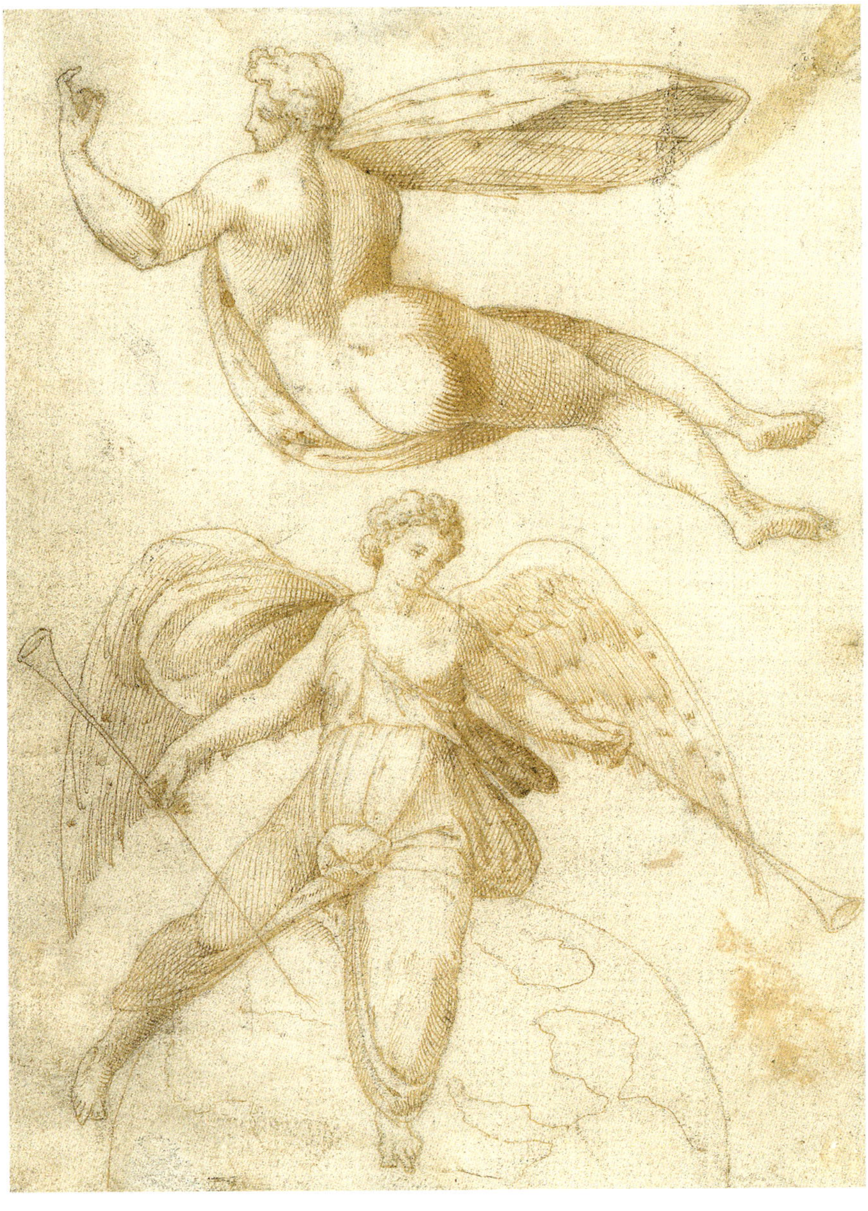

Pellegrino TIBALDI

(Puria in Valsolda, près de Lugano, 1527/28 – Milan, 1596)

7 *Deux personnages drapés : l'un vu de face l'autre de dos* (verso)
Plan d'une salle (recto)

Plume et lavis d'encre brune et rehauts de blanc sur papier beige (verso).
Pierre noire (recto).
249 × 214 mm.
Bibliographie comparative : V. Fortunati and V. Musumeci éd., *L'immaginario di un ecclesiastico : i dipinti e murali di Palazzo Poggi*, Bologna, 2001, p. 138-9.

Les deux personnages sont reliés à la série de caryatides féminines monumentales, certaines vues de dos, dans la frise peinte par Tibaldi dans le salon de Suzanne du palais Poggi à Bologne (**fig. 1**) [1]. Il s'agit de l'une des différentes salles décorées par l'artiste vers le milieu des années 1550. On peut citer entre autres le salon d'Ulysse, chef-d'œuvre de l'artiste. Outre le fait de supporter le plafond à caissons, les caryatides séparent les différentes scènes de l'*Histoire de Suzanne* ornant la frise.

Certaines des caryatides sont représentées de face, d'autres de dos, une paire étant vue de profil ; aucune ne ressemblant à une autre.

En dehors des poses dramatiques adoptées par celles-ci, elles sont également remarquables pour leurs drapés volumineux, aux plis profondément creusés, dans un *chiaroscuro* très contrasté.

En tant que sculptures en bronze feintes, elles sont peintes dans des tons métalliques brun-dorés et mettent en valeur les autres figures au naturel des niches, aussi bien que les compositions brillamment colorées des scènes.

Dans cette puissante étude, l'éclairage dramatique des caryatides peintes est déjà anticipé, tandis que les formes fortes et le trait sûr sont caractéristiques des dessins de Tibaldi.

Au moins deux autres études de l'artiste peuvent être reliées aux caryatides : l'une, montrant une figure au dos tourné, proche de celle de gauche sur le dessin étudié, est conservée au British Museum [2] ; l'autre, montrant trois femmes debout côte à côte, se trouvait sur le marché international [3].

Tibaldi, élevé à Bologne, suivit l'enseignement de Perino del Vaga à Rome. À la mort de Perino en 1547, il compléta les décors laissés inachevés par son maître au château Saint-Ange comprenant les fresques du salon Pauline.

Ceci ajouté à d'autres travaux de la période juvénile romaine, eut pour conséquence d'attirer l'attention du cardinal bolonais Giovanni Poggi. Non seulement Poggi employa Tibaldi pour décorer la façade et la loggia de sa villa romaine, mais il lui commanda de décorer la chapelle familiale dans S. Giacomo Maggiore à Bologne, ainsi que la suite de salles dans leur palais en ville.

Nicholas Turner

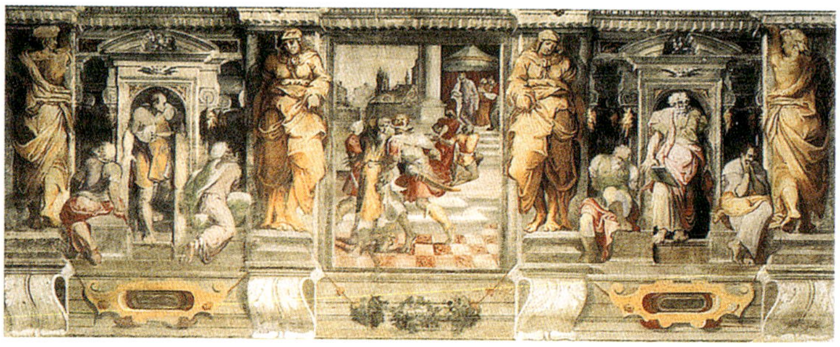

Fig. 1 : Pellegrino Tibaldi, fresque, palais Poggi, Bologne.

1. De bonnes reproductions de la frise peuvent se trouver dans V. Fortunati and V. Musumeci éd., *L'immaginario di un ecclesiastico : i dipinti murali di Palazzo Poggi*, Bologna, 2001, p. 138-139.

2. London, British Museum, inv. n° 1960-5-27-1. J. A. Gere and P. Pouncey, *Italian Drawings in the Department of Prints and Drawings in the British Museum : Artists working in Rome c. 1550 to c. 1640*, London, 1983, p. 169, n° 272.

3. *European Master Drawings* (Kunsthandel Bellinger, Galerie de Bayser, and Hazlitt, Gooden & Fox), 1994, n° 8.

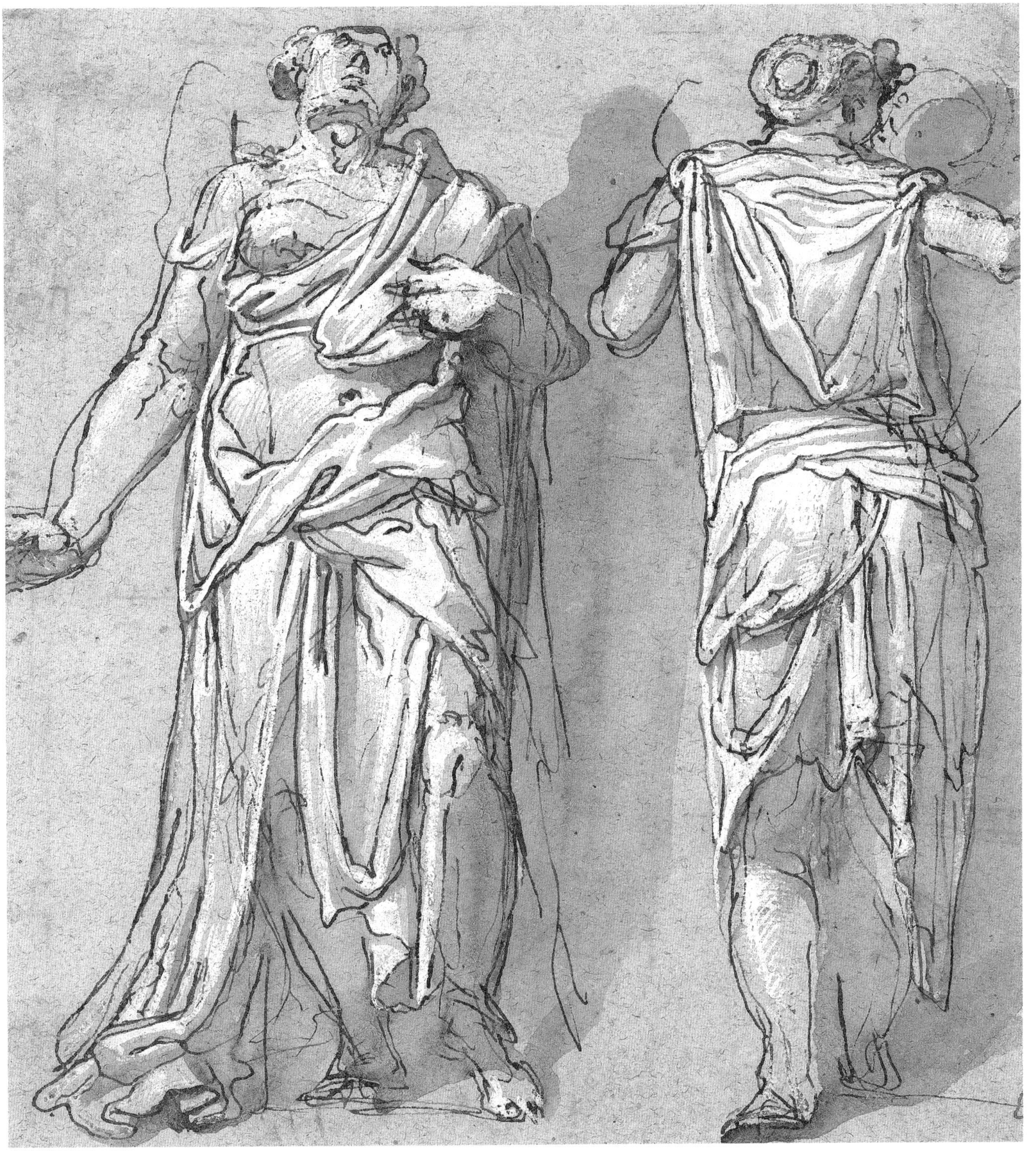

Girolamo SELLARI dit Girolamo da CARPI

(Ferrare, 1501 – 1556)

8 *Études d'après un sarcophage antique* (recto) *Études de sculptures antiques* (verso)

Plume et encre brune.
191 × 305 mm.
Provenance : Pierre Crozat (1665-1740), Lugt 3612, n° 48 à l'encre en bas à droite.

Ce dessin est une étude d'après un sarcophage romain provenant de la collection Della Valle (**fig. 1**), acquis par le cardinal Ferninando de'Medici en 1584, puis transféré à Florence en 1788 (Uffizi, inv. 104). Girolamo da Carpi a réalisé d'autres études d'après des sarcophages antiques dont une très proche de celle-ci [1].

Le recto de la feuille reprend trois détails du même sarcophage : une Heure ailée figurant à l'angle gauche, deux guerriers combattant et un des Dioscures enlevant une femme. Bien qu'il s'agisse d'une copie d'après l'antique, l'artiste montre une certaine liberté d'exécution comme peut en témoigner le bras droit de l'un des guerriers présentant un repentir.

Le verso se caractérise par une plus grande liberté encore. En effet, Girolamo n'hésite pas à proposer deux positions différentes pour la tête des deux premières femmes sur la gauche.

Cette feuille, caractéristique de l'artiste, provenant de l'une des plus prestigieuses collections françaises, est un intéressant témoignage de l'importance accordée aux monuments antiques lors de la formation des artistes du XVIe siècle.

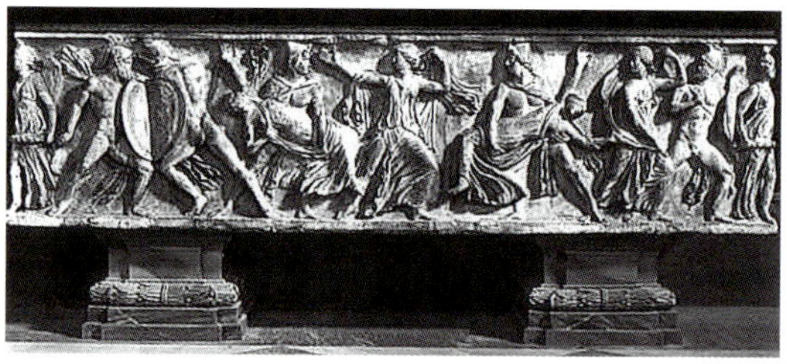

Fig. 1 : Sarcophage romain, Galerie des Offices, Florence.

1. *Cf.* Gudrun Dauner, *Drawn together, two albums of renaissance by Girolamo da Carpi*, Philadelphia 2005, p. 123, n° 4 verso.

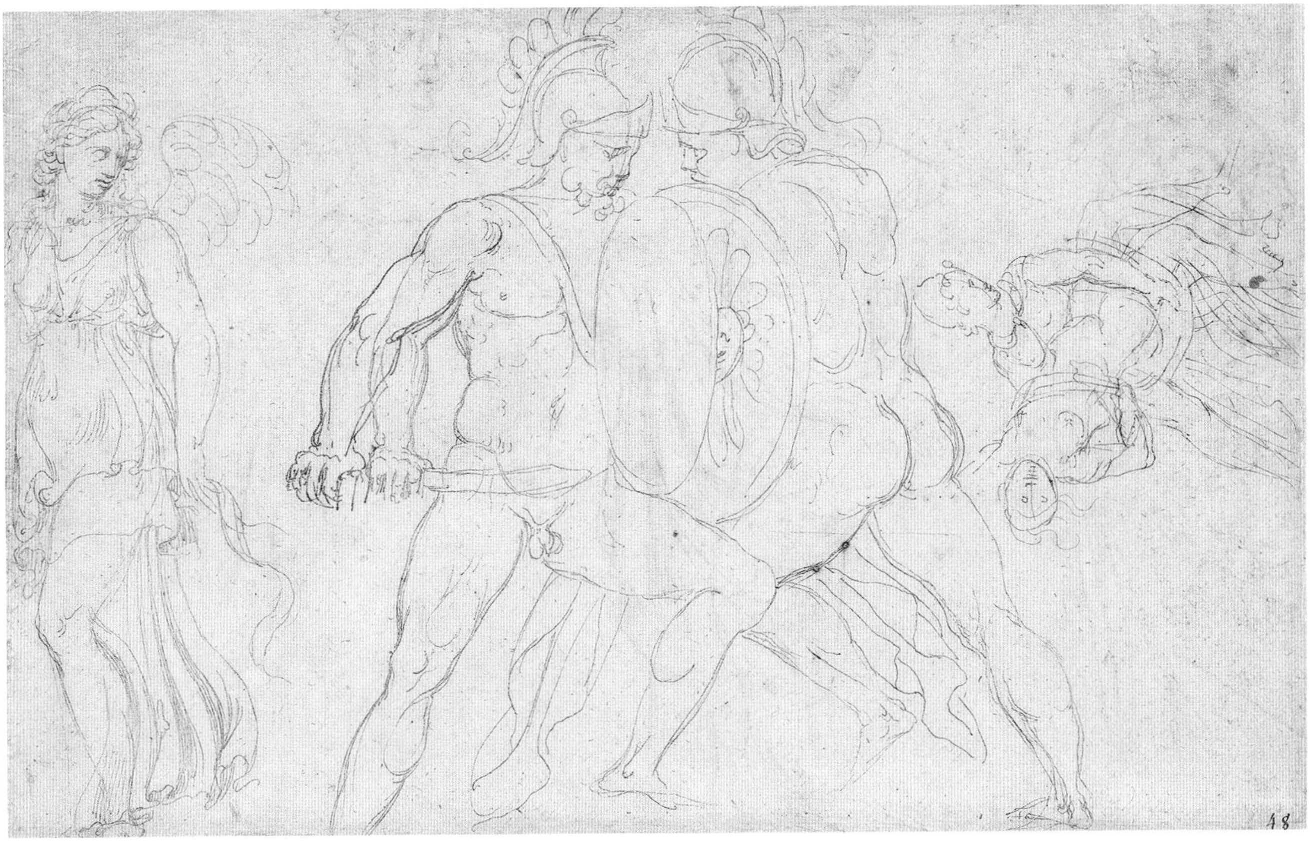

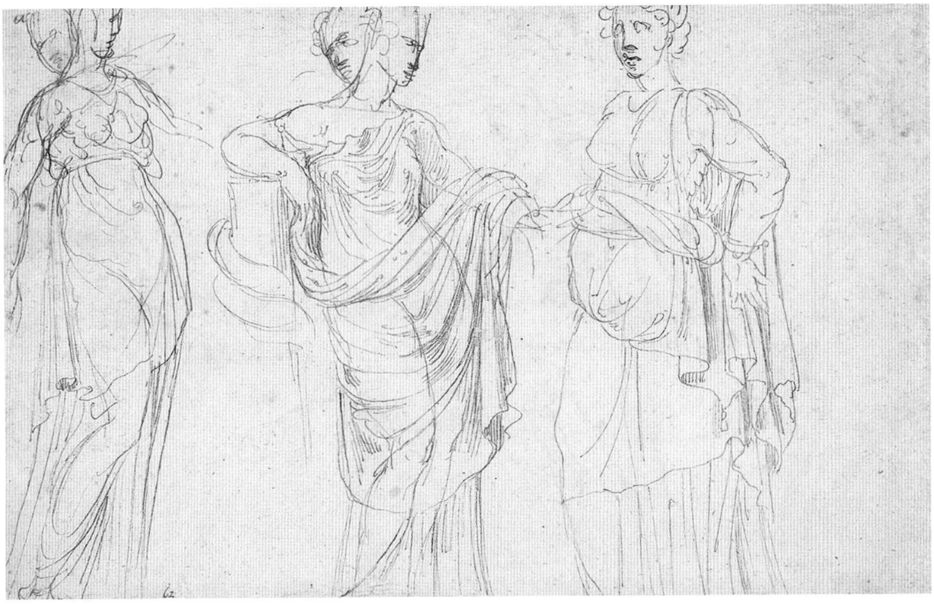

Verso

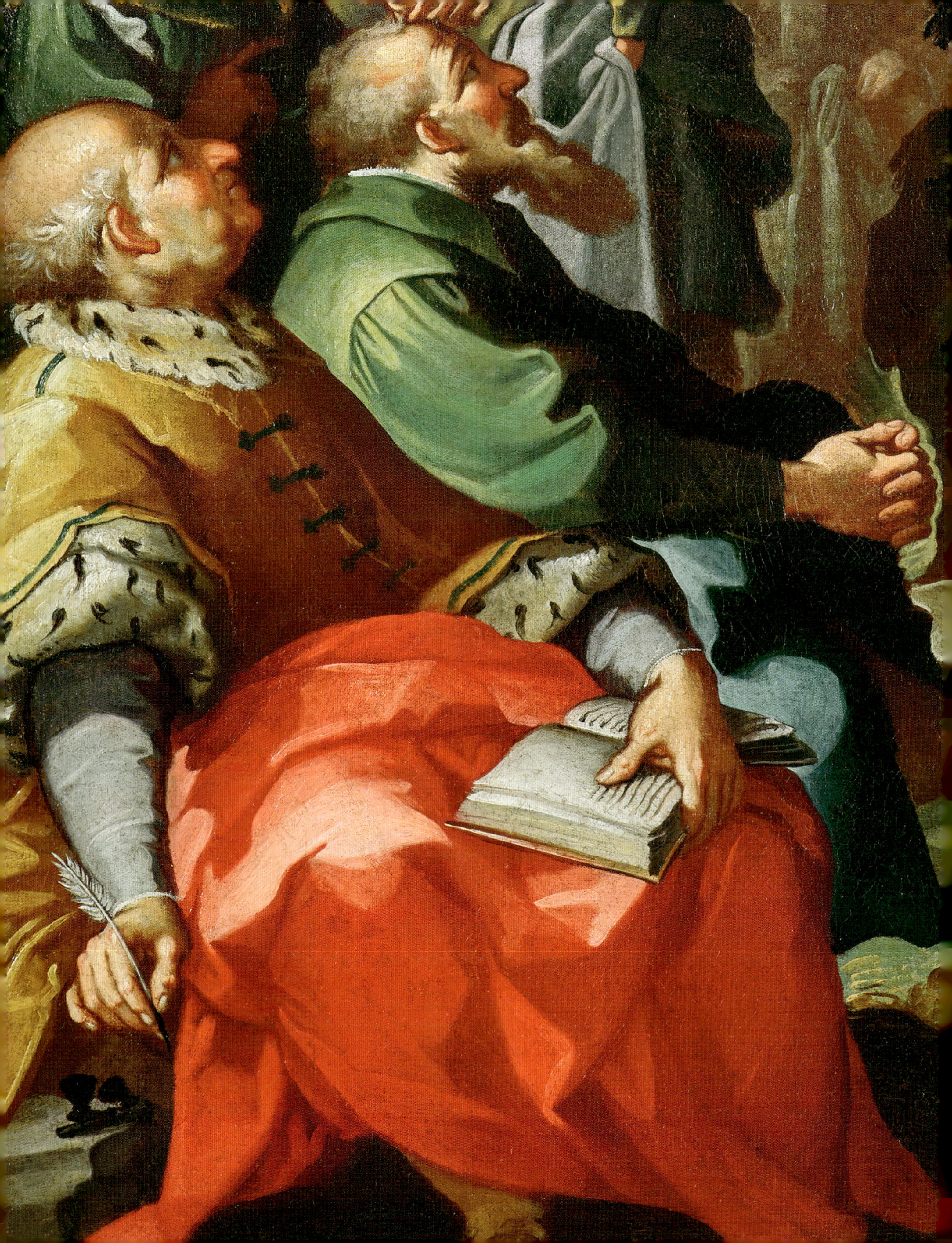

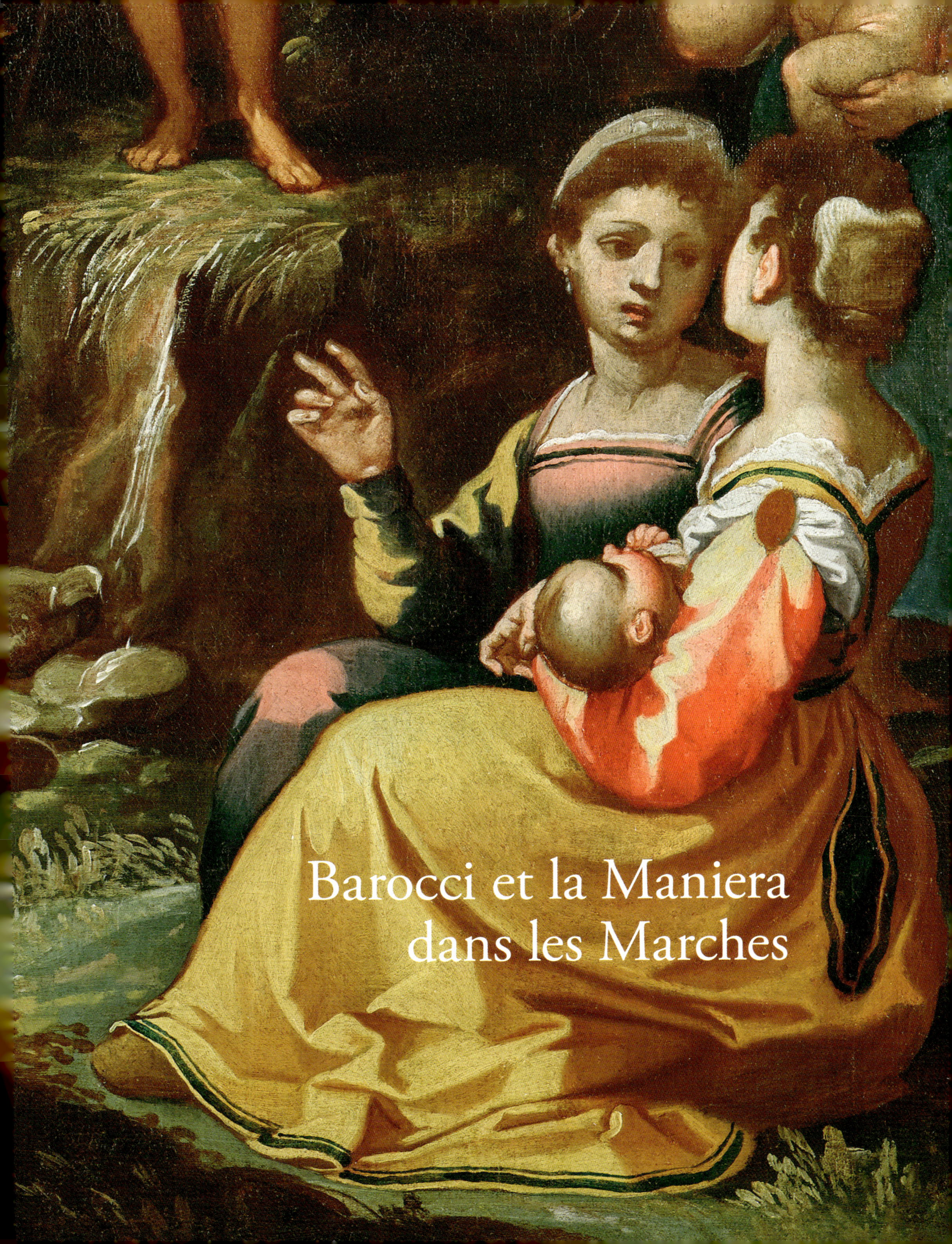

Barocci et la Maniera dans les Marches

Federico BAROCCI

(Urbino, 1535 – 1612)

9 *L'Annonciation* (Bartsch 1, second état sur deux)
Vers 1584-1588

Burin et eau forte.
432 × 310 mm.
Filigrane : Fleur de lys dans un cercle.
Provenance : René Druart, (1888-1961).
Bibliographie comparative : David Scrase, *A Touch of the Divine*, The Fitzwilliam Museum, Cambridge 2006, p. 160-161 ; Bartsch XXVII, p. 2, n° 1 ; Nicholas Turner, *Federico Barocci*, Paris 2000, p. 145 ; Andrea Emiliani, *Federico Barocci (Urbino, 1535-1612)*, 2 vols., Ancona 2008, p. 208-209.

Un seul premier état de cette estampe est conservé au British Museum, tiré avant l'ajout de l'inscription en bas à droite et la modification de l'ombre sur le sol devant la fenêtre derrière les lys. La gravure exposée ici est une épreuve du second état. Il s'agit de la dernière et de la plus belle des quatre estampes gravées par Barocci. L'artiste y traduit le retable commandé en 1582 par le duc Francesco Maria I della Rovere pour la chapelle ducale de la basilique de Lorette et aujourd'hui conservé au Vatican (**fig. 1**). Le tableau fut achevé en 1584 ce qui suggère une datation de l'estampe entre 1584 et 1588. Ici la mention « excudit » indique que Barocci a dirigé l'impression de l'estampe contrairement à la mention « excudebat » figurant sur *Le Pardon d'Assise* le désignant uniquement comme le graveur. Dans ce dernier cas on en déduit que la diffusion a dû être gérée par les franciscains. La fenêtre ouverte sur le paysage laisse entrevoir la silhouette caractéristique du palais ducal d'Urbino si familière à l'artiste. Cette jolie vue est restée presque inchangée de nos jours. La plaque de cuivre originale figurait dans l'inventaire après-décès de l'artiste et se trouve maintenant à la Calcografica Nazionale de Rome.

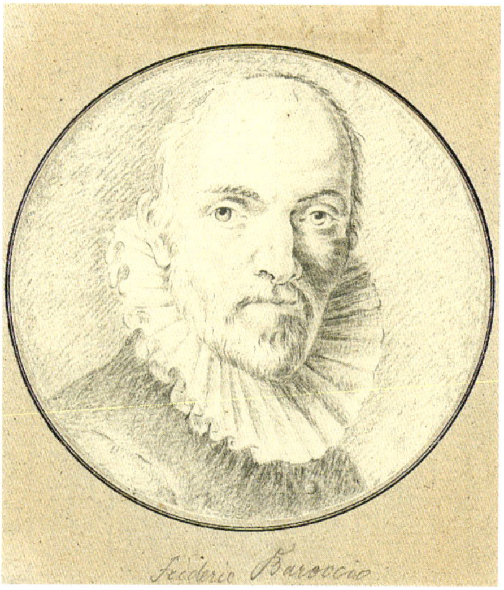

École hollandaise du XVIIe siècle, d'après l'*Autoportrait* de Frederico Barocci conservé au musée des Offices, Galerie Tarantino, Paris.

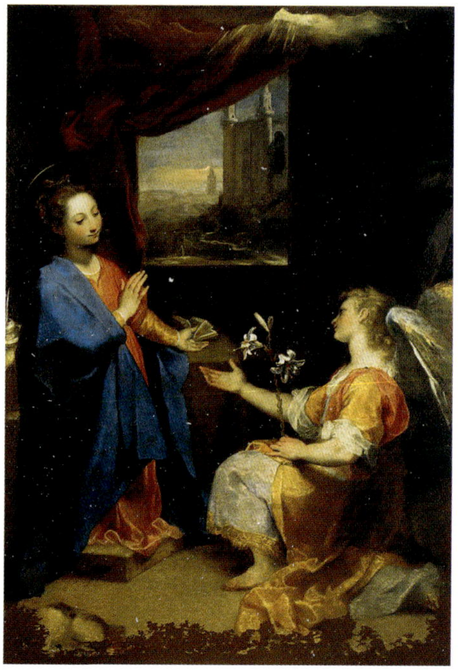

Fig. 1 : Federico Barocci, *L'Annonciation*, Vatican.

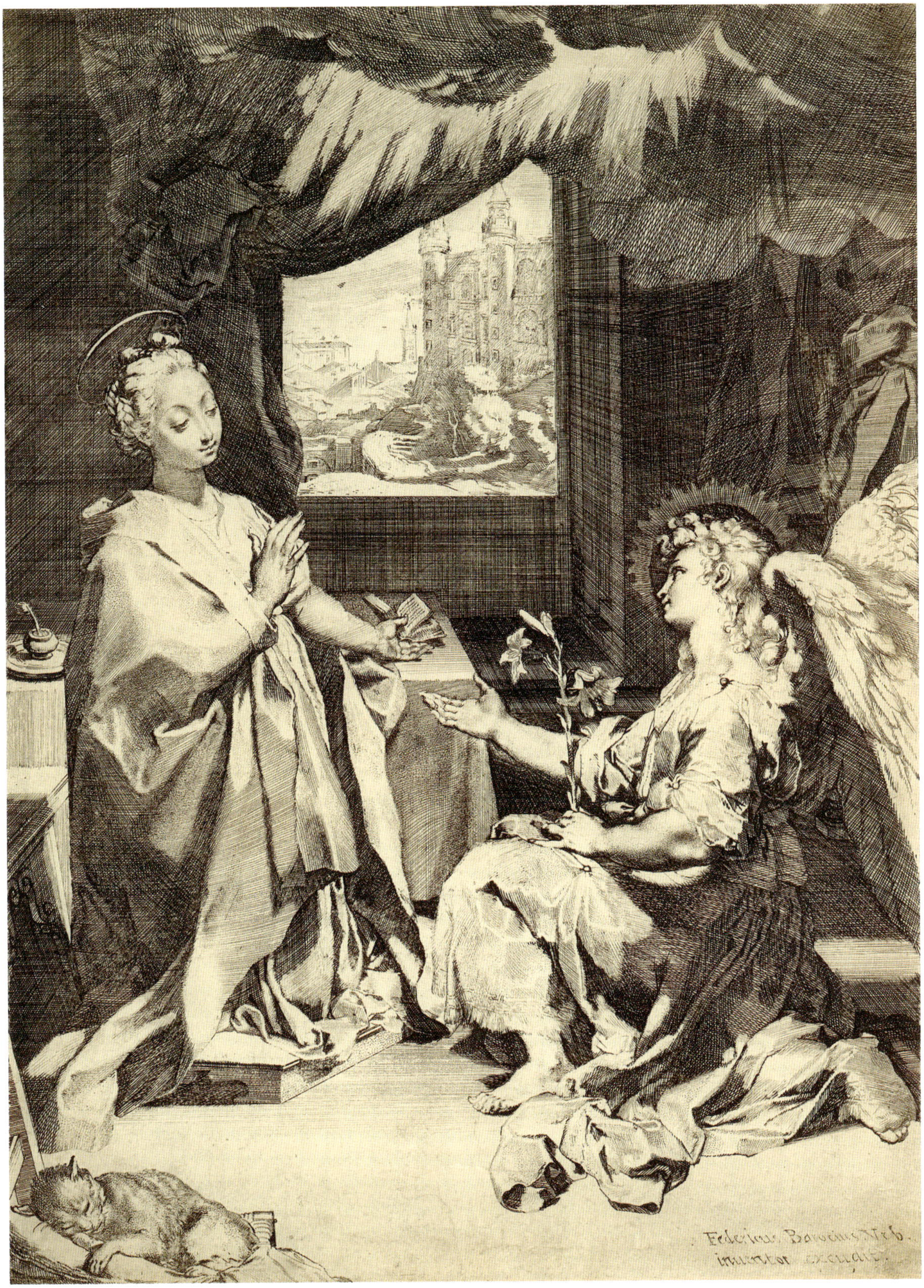
Federicus. Barocius Urb.
inuentor excudit.

Federico BAROCCI

(Urbino, 1535 – 1612)

10 *Étude pour le Christ du Noli me tangere*
Vers 1590-1609

Sanguine.
345 × 210 mm.
Filigrane : lys dans un cercle avec la lettre « S ».
Provenance : Cesare Frigerio (Milan, 1890-1977 ?), Lugt 4363 et Gorgio Dalla Bella (Milan, né en 1923), Lugt 3774.
Bibliographie comparative : A. Emiliani, *Federico Barocci (Urbino 1545-1612)*, Ancona 2008, Vol. 2, Cat. 47, S. 71-87 ; A. Emiliani, *Federico Barocci*, Pesaro 1985, p. 243, Fig. 507 ; S. Tschudi Madsen, « Federico Barocci's "Noli me tangere" and Two Cartoons », in *The Burlington Magazine*, Vol. 101, N° 676/677 (Jul.-Aug. 1959), p. 273-277.

Cette étude rapide à la sanguine a été mise en relation par Andrea Emiliani [1], Ugo Ruggeri [2] et Nicholas Turner [3] avec le tableau représentant *Le Christ apparaissant à sainte Marie Madeleine* peint en 1590 pour Giuliano della Rovere conservé à la Alte Pinakothek de Munich (**fig. 1**) [4], avec la version des Offices et mieux encore avec la troisième version sur ce thème, aujourd'hui en mauvais état de conservation, dans la collection du vicomte Allendale à Bywell Hall, Northumberland [5], documentée par la gravure de 1609 par Luca Ciamberlano (**fig. 2**) à laquelle elle correspond notamment pour la position des bras et moins dans l'inclinaison du corps du Christ. Parmi les nombreux dessins préparatoires au tableau on peut citer celui de l'Ashmolean Museum d'Oxford [6] et celui de l'Albertina de Vienne [7].

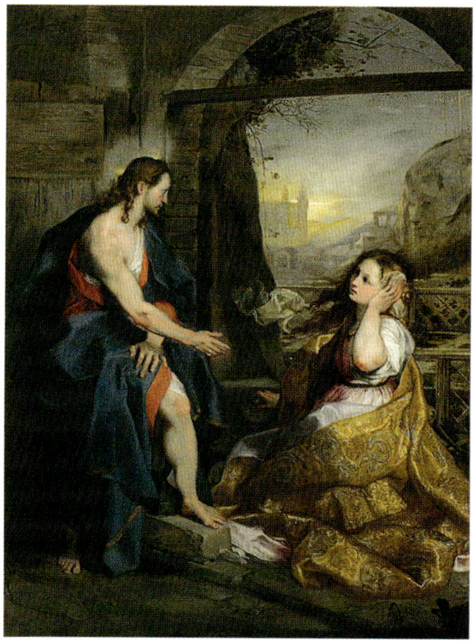

Fig. 1 : Federico Barocci, *Noli me tangere*, Alte Pinakothek, Munich.

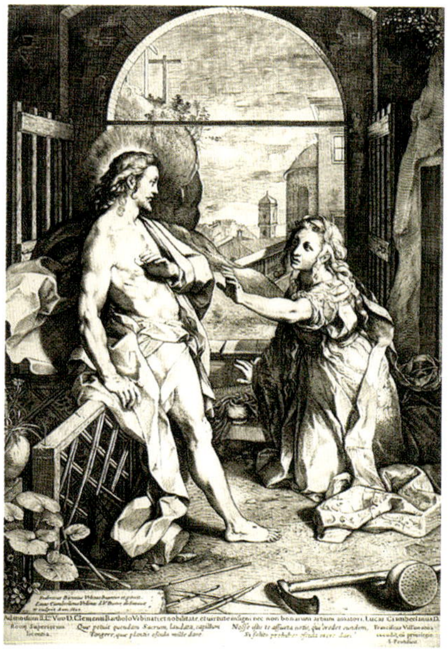

Fig. 2 : Luca Ciamberlano d'après Federico Barocci, *Noli me tangere*.

1. Communication écrite (2012).
2. Communication écrite (s.d.).
3. Communication écrite (18 mars 2014).
4. Inv. n° 494.
5. *Cf.* H. Olsen, *Federico Barocci*, Copenhague 1962, p. 184-185, n° 42 et Andrea Emiliani, *Federico Barocci*, Pesaro 1985, II, p. 243.
6. Inv. WA1947.198.
7. Inv. n° 25.631.

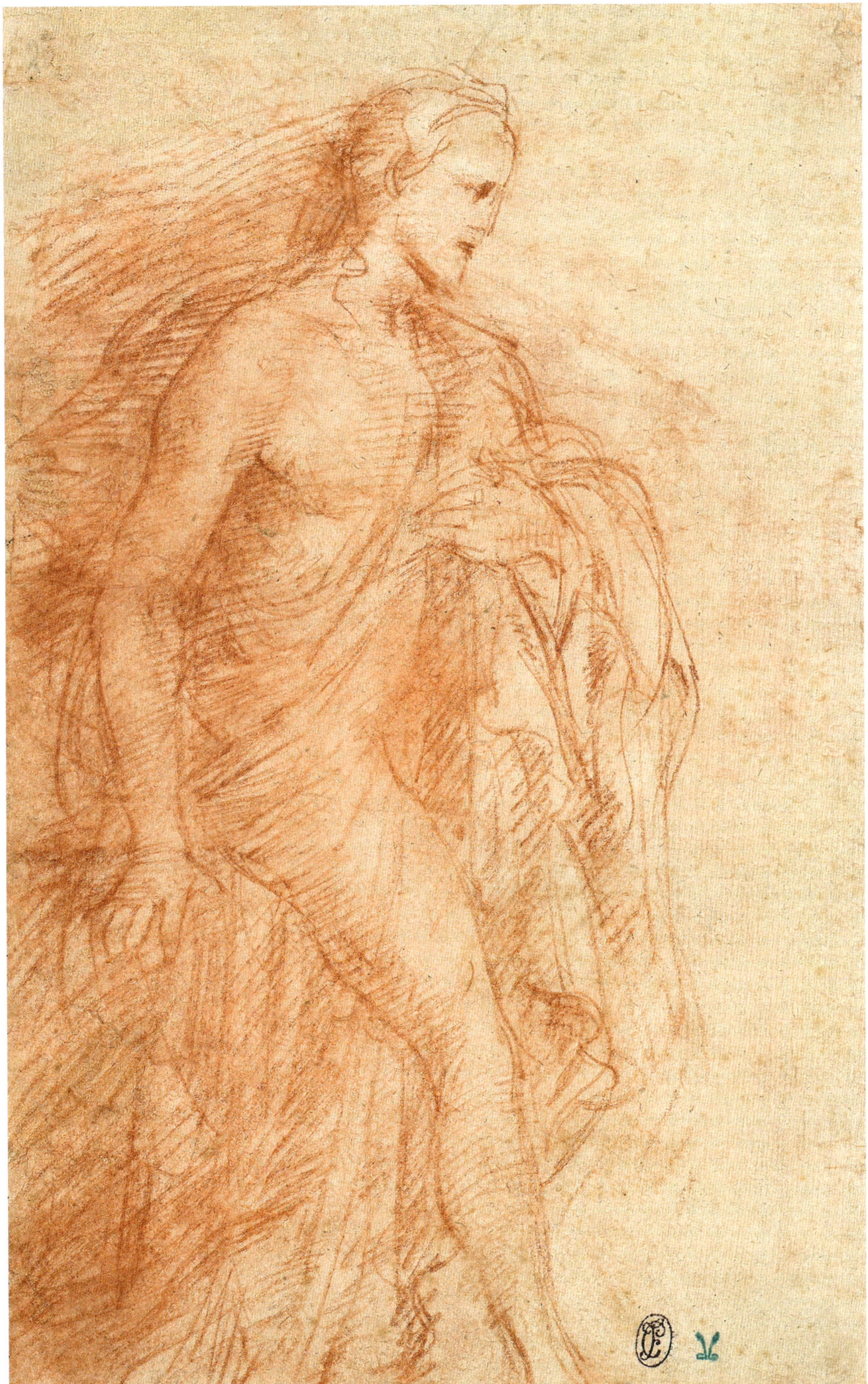

Francesco VILLAMENA

(Assise, 1566 – Rome, 1625)

D'après Federico BAROCCI

(Urbino, 1535 – 1612)

11 *Saint François recevant les stigmates*

1597, tirage du XVIIe siècle

Burin.
517 × 352 mm.
Filigrane : IHS dans un cercle.
Bibliographie comparative : Ch. Le Blanc, *Manuel de l'amateur d'estampes*, Paris 1854-1888, IV p. 125 n° 36 ; Andrea Emiliani, *Federico Barocci (Urbino, 1535-1612)*, 2 vols., Ancona 2008, p. 156-167.

Cette estampe reprend dans le même sens la célèbre composition peinte par Barocci pour l'église des capucins d'Urbino et correspondant à divers paiements de Francesco Maria II della Rovere entre 1595 et 1596[1]. La toile est maintenant conservée dans la Galleria Nazionale delle Marche à Urbino. Cette magnifique planche gravée par Francesco Villamena, généralement datée de 1597 fait ici l'objet d'un tirage postérieur datant du XVIIe siècle comme l'indique le nom de l'éditeur Chasteau.

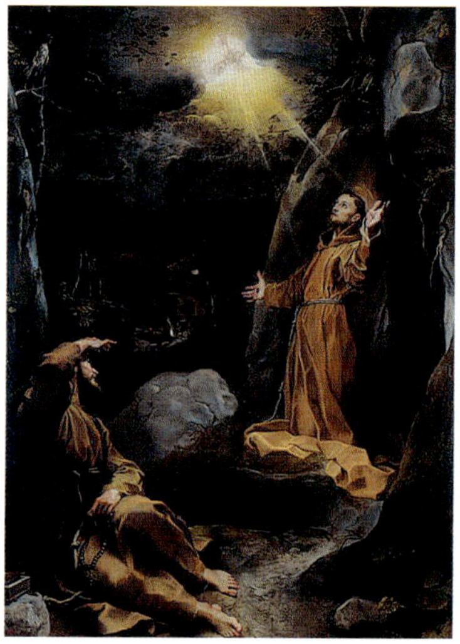

Fig. 1 : Federico Barocci, *Saint François recevant les stigmates*, Galleria Nazionale delle Marche, Urbino.

1. Firenze, Archivio di Stato, également publié par E. Calzini, « Federico Barocci e il suo mecenate », in *Rassegna Bibliografica dell'Arte Italiana*, XVI, 1913, p. 51-64, en particulier p. 58 : « 1594 febbraio. Ai capuccini d'Urb.o per l'ornam.to del lor quadro – sc. 20 ; 1595 sett.re Per il quadro dei Cappuccini d'Urb.o – sc. 10 ; 1596 – Al Barr.o a buon conto p. sborscio – sc. 100 » (ce dernier paiement n'est pas forcément relié à cette commande).

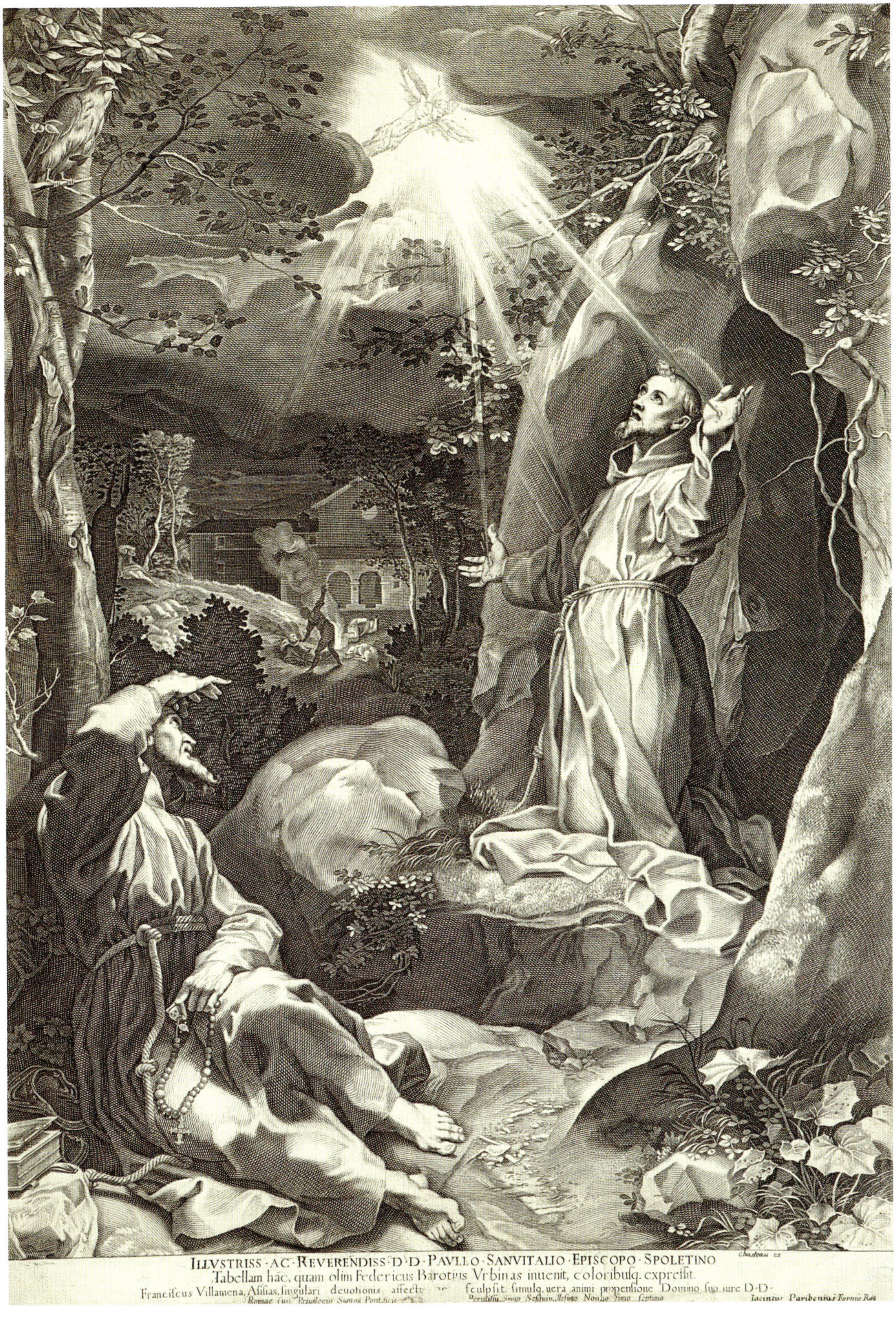
Chasteau ex
ILLVSTRISS·AC·REVERENDISS·D·D·PAVLLO·SANVITALIO·EPISCOPO·SPOLETINO
Tabellam hac, quam olim Federicus Barotius Vrbinas inuenit, coloribusq. expressit.
Franciscus Villamena, Assisias, singulari deuotionis affectu sculpsit simulq. uera animi propensione Domino suo iure D·D·

D'après Federico BAROCCI

(Urbino, 1535 – 1612)

12 *Le Pardon d'Assise*
1594

Burin et eau forte.
523 × 320 mm.
Provenance : collection particulière Paris.
Bibliographie comparative : Judith W. Mann et Babette Bohn, *Barocci*, Saint Louis 2012, p. 120-133, n° 5 ; Andrea Emiliani, *Federico Barocci*, Ancona 2008, p. 264-283.

Comme l'indique la mention « Federicius Barocius Urbinas inventor » nous ne sommes pas en présence d'un tirage de la célèbre planche gravée par l'artiste en 1581 mais d'une copie postérieure réalisée avec permission, comme ce fut le cas pour Francesco Villamena (1566-1624) qui en réalisa une autre version en 1588. Cette estampe reprend l'une des rares gravures originales exécutées par Barocci lui-même.

Le tableau fut peint par l'artiste vers 1574-76 et se trouve aujourd'hui dans l'église de San Francesco d'Urbino (**fig. 1**). Grâce à une large diffusion de ces estampes, la composition connut un vif succès comme en atteste le dessin de l'artiste bolonais Francesco Brizio (1574-1623), élève de Ludovico Carracci, qui reprend presque littéralement la figure du saint François (**fig. 2**) [1].

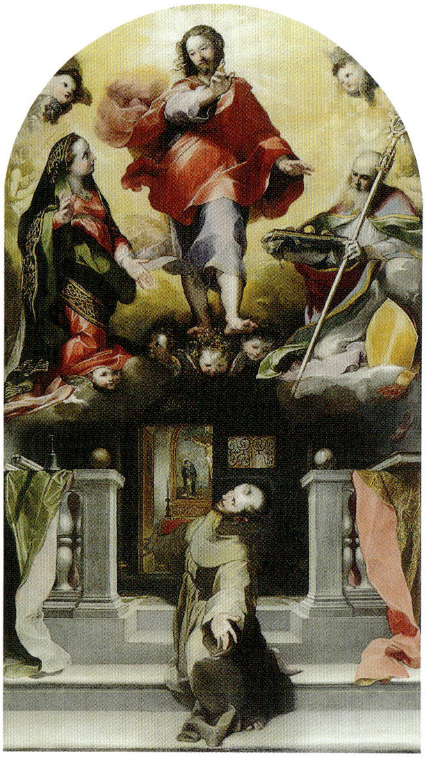

Fig. 1 : Federico Barocci, *Le Pardon d'Assise*, Église de San Francesco, Urbino.

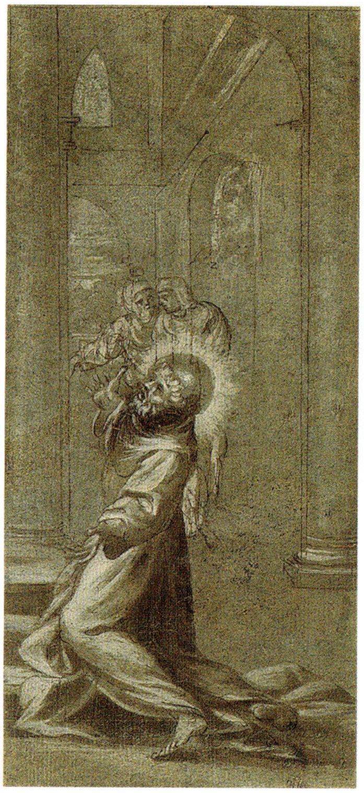

Fig. 2 : Francesco Brizio, *Saint François*, Galerie Tarantino, Paris.

1. Plume et lavis d'encre brune et rehauts de gouache blanche sur papier bleu ; 210 × 90 mm ; Ex coll. Walter Gay, Galerie Tarantino. Nous remercions vivement Alessandro Brogi pour l'attribution de ce dessin à Francesco Brizio.

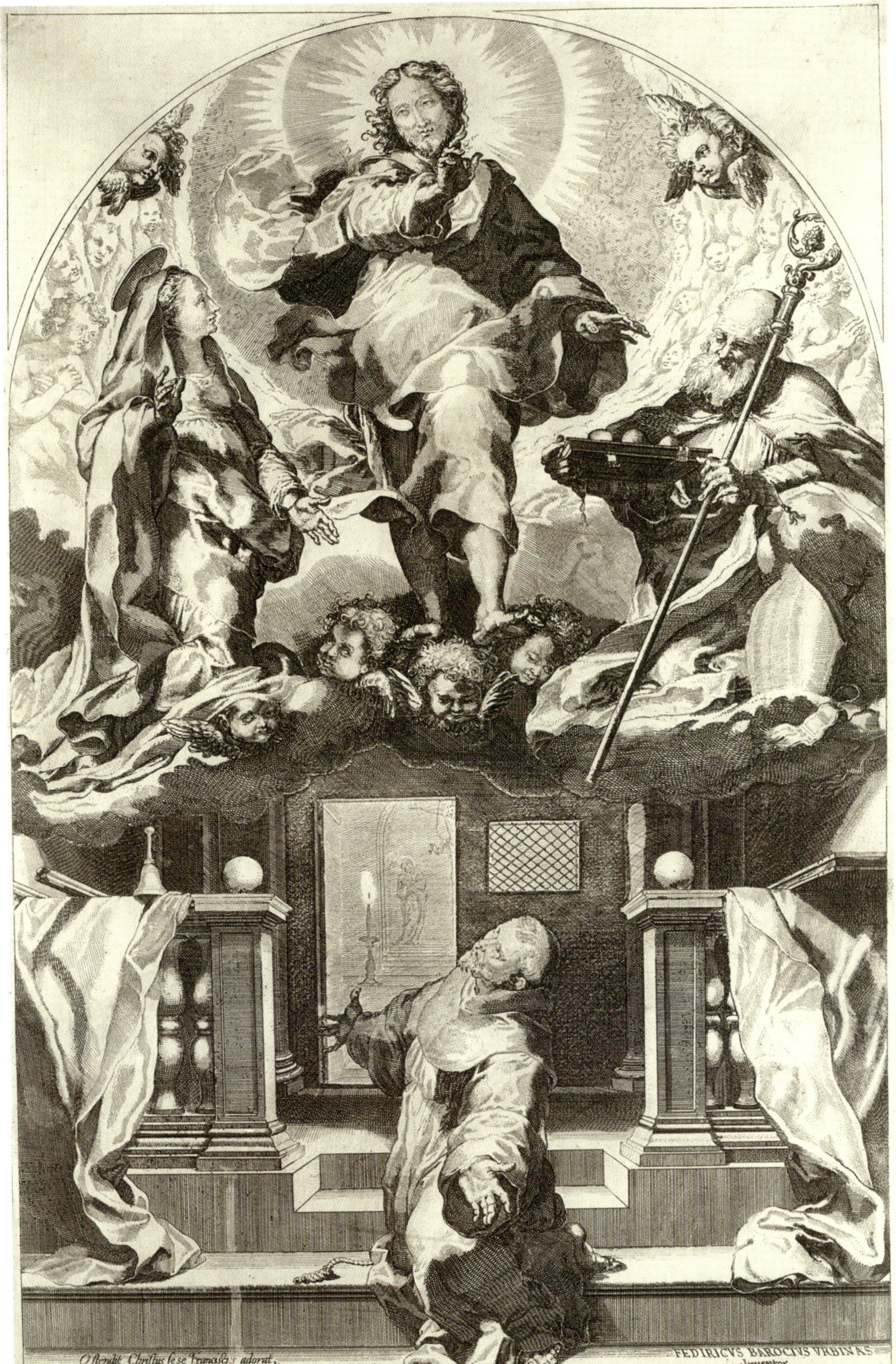
Ostendit Christus se se Franciscus adorat,
At que animae hic poscit sit sua cui que salus
Annuit aeterno firmat sub foedere templum,
O uere Aligerum nomine sancta domus
FEDIRICVS BAROCIVS VRBINAS
Inuentor.
GREGORII·XIII·PRIVILEGIO
AD X.
Superiorū permissu.

Federico BAROCCI

(Urbino, 1535 – 1612)

13 *Étude d'homme lisant*

Vers 1605-1607

Huile sur toile.
65,5 × 49,5 cm.
Au verso : étiquette lacunaire du XVIIIe siècle imprimée en rouge « *Emo Gio Battift...* ».
Provenance : collection du Cardinal Antonio Barberini (**fig. 1**). Inventaire de 1671 : « *130 – Un quadro di p.mi 3 ½ inc.a di Altezza, e p.mi 3 di largha' Con una Mezza figura con il Braccio incupido (incompiuto) appogiato al capo, e nell'altra Un libro, opera di Lodovico [sic] Barocci Con Cornice indorata n°1 -130-* ».
Bibliographie : Andrea Emiliani, in *Rome, de Barocci à Fragonard*, Paris 2013, p. 18-21.
À paraître : Andrea Emiliani, *La finestra di Federico Barocci, L'artista e l'Ordine dei Cappuccini* (2016).
Bibliographie comparative : Andrea Emiliani, *Federico Barocci (Urbino, 1535-1612)*, 2 vols., Ancona 2008.

Comme j'aurai l'occasion de le préciser au cours du développement philologique de cette notice dont la documentation est complexe et nécessaire, l'apparition de cet homme en méditation reprend non seulement dans la forme mais également dans l'esprit un épisode exemplaire : celui du jeune Raphaël qui, à travers le portrait du savant Héraclite (**fig. 2**), intègre dans la grande composition de *L'École d'Athènes* des Loges Vaticanes le portrait de Michel-Ange alors qu'il achève la voûte de la Chapelle Sixtine, entre 1510 et 1511.
Raphaël, comme le démontre le carton préparatoire de l'Ambrosiana de Milan, n'avait pas encore prévu, à ce stade, l'insertion tardive du penseur dans la fresque dédiée à la gloire des hommes de lettres et de sciences dont la réunion constitue *L'École d'Athènes*. La fresque rend officiel l'accès de ces hommes au monde des arts libéraux de l'humanisme.
Dans un processus analogue, la figure de l'apôtre en méditation fut placée par Federico Barocci dans un ajout tardif (mais génial) dans la composition de *L'Institution de l'Eucharistie* (**fig. 3**). Il s'agit là de la manifestation tangible de la conclusion théologique du pape Clément VIII Aldobrandini à l'intérieur de Santa Maria sopra Minerva, officialisant le dogme de l'Eucharistie dont le débat avait tourmenté tout le XVIe siècle.
C'est précisément ce tableau qui, au terme de nombreuses vicissitudes, fut offert par le duc Francesco Maria della Rovere à la chapelle Aldobrandini après que le pontife eût émis dès

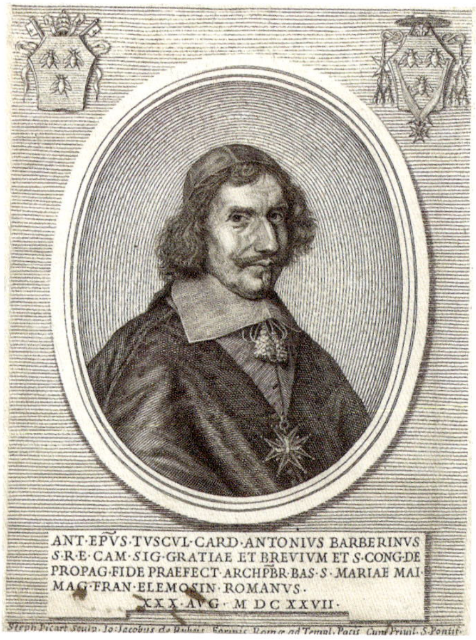

Fig. 1 : Étienne Picart, *Le Cardinal Antonio Barberini.*

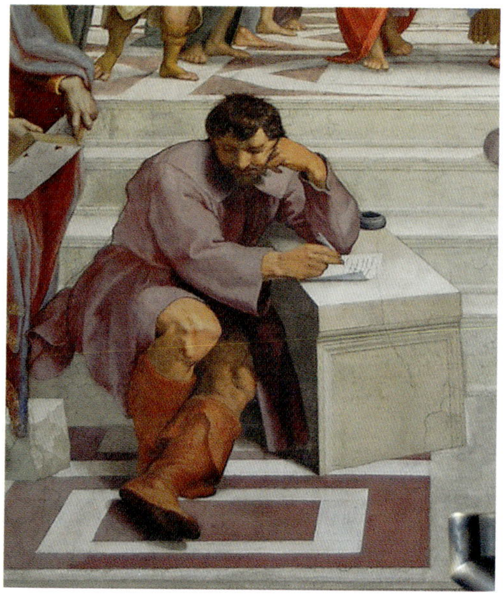

Fig. 2 : Raphaël, *Héraclite*, détail de *L'École d'Athènes*, Vatican.

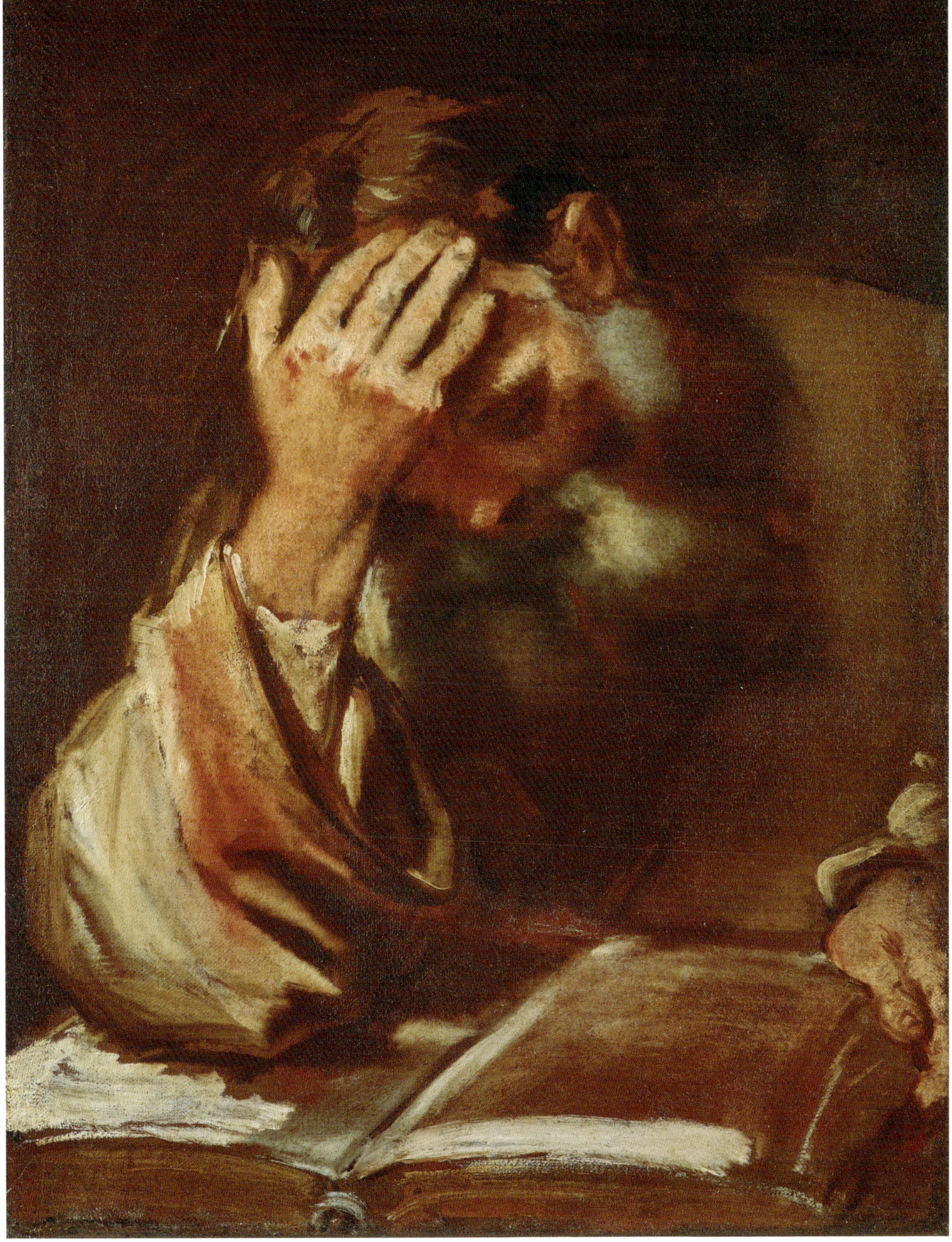

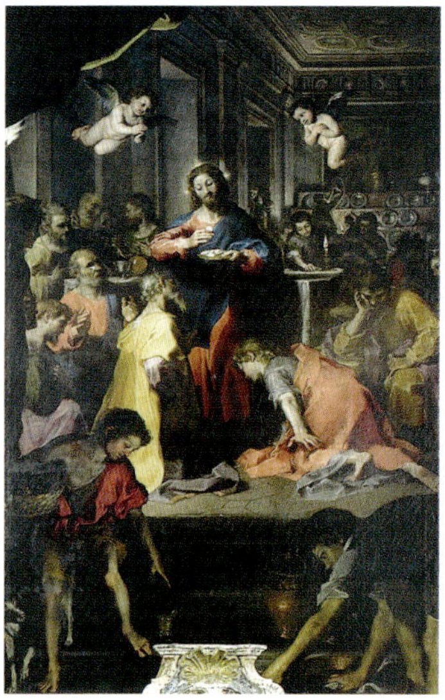

Fig. 3 : Federico Barocci, *L'Institution de l'Eucharistie*, Santa Maria sopra Minerva, Rome.

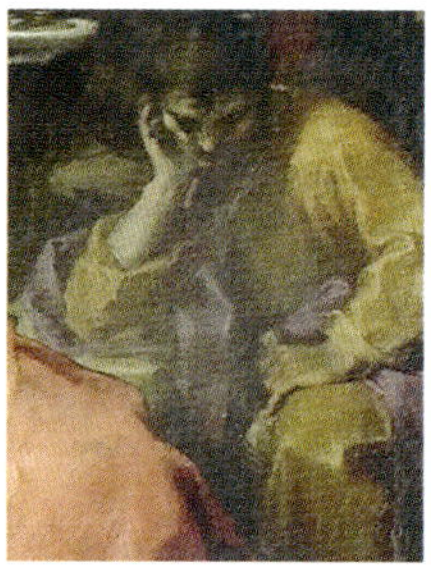

Détail de la fig. 3.

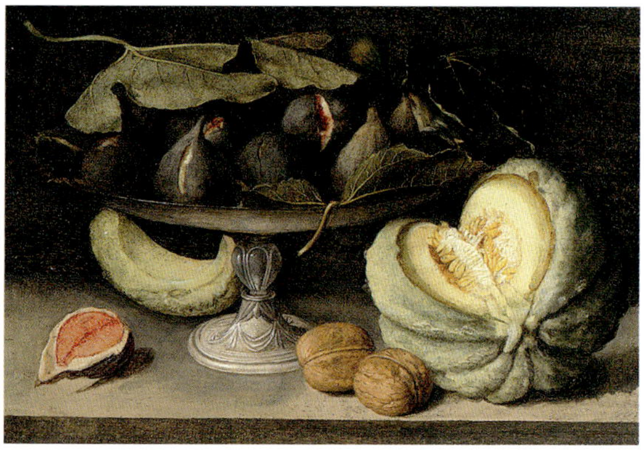

Fig. 4 : Federico Barocci, *Nature morte*, collection particulière.

1603 le souhait de commander *L'Institution de l'Eucharistie* à Barocci pour la placer sur l'autel familial [1].

Au cours de ces décennies, toute l'Europe du nord, et en particulier les Pays-Bas, avait déjà salué, au travers de caractères naturalistes et de natures mortes, le mystère le plus fervent du christianisme. À l'imitation de la nature qui répand ses fruits, l'Eucharistie propage la Foi. Barocci lui-même fut, à la fin du XVIe siècle, l'auteur d'une extraordinaire nature morte (**fig. 4**) qu'il réalisa comme un modèle probable conforme au goût et à l'intérêt de Frédéric Borromée, reconnue par Federico Zeri et conservée dans une collection privée.

Il était impossible que ce grand thème échappât à un artiste qui, en tant que tertiaire, était imprégné de la pensée du récent ordre mineur des Capucins : ultime filiation de l'école mystique franciscaine, une école en rupture complète avec la pensée monastique traditionnelle. Le franciscain vit au contact du monde, l'ordre est dépouillé. Le moine ne possède rien et vit de mendicité. Ceci prenait place dans le milieu de la « low church », la Basse Église, à laquelle appartenaient également Philippe Neri, le cardinal Julio Feltrio della Rovere, la famille des Cesi di Acquasparta et le même pape Pie IV de la branche milanaise des Médicis. Il est ainsi essentiel de considérer Barocci et son œuvre à travers une « grille de lecture » franciscaine.

Parmi les esquisses « *bozzi* » décrites dans la maison-atelier de Barocci [2], cette *Étude d'homme lisant* est la plus passionnante. En effet, si celle-ci ne se retrouve pas littéralement dans la grande composition de Santa Maria sopra Minerva, elle s'inscrit très vraisemblablement dans la genèse de l'important corpus d'études préalables au tableau de l'autel Aldobrandini. Celles-ci menées par l'artiste soucieux de servir au mieux le pontife et de citer son illustre prédécesseur Raphaël. En effet, comment ne pas penser, en regardant cette figure mélancolique, à celle de l'apôtre que l'on aperçoit assis à droite dans la toile définitive et ajouté in extremis par l'artiste (comme le fit Raphaël un siècle auparavant avec la figure d'Héraclite de *L'École d'Athènes*) ? Barocci se considérait lui-même comme le fils spirituel de Raphaël (dont il possédait un certain nombre d'œuvres) et nourrissait un profond respect pour les anciens ainsi que le prône la tradition franciscaine.

Bellori nous apprend que Barocci avait initialement présenté deux dessins préparatoires au Pape. Le premier, aujourd'hui conservé dans la collection Devonshire à Chatsworth (**fig. 5**), représentait Judas debout face au Christ, avec l'apparition de la figure de Satan s'interposant entre les deux personnages. Le diable aux proportions humaines était représenté en train de murmurer à l'oreille de l'apôtre l'incitant à trahir le Maître. La réaction du pape fut alors immédiate et violente : il refusa de voir le diable si près de la figure du Christ et encore moins sur un autel. Le refus du pontife cantonne l'artiste dans un sujet traité de façon quasi domestique (**fig. 6**), figé dans une évidente mélancolie, comme celle d'une personne âgée ou d'un modèle qui, le soir, à la lueur d'une lampe à huile, cède à son antique fatigue. Il est assez probable que le modèle utilisé soit un proche de l'artiste.

La matière picturale à cette date tardive de son activité, apparait sommaire et audacieuse. Dans ce système de valeurs, comme chez Guido Reni, l'élévation du niveau passionnel semble le seul moyen d'échapper à l'agression d'une

1. Les documents relatant la commande et l'avancement du tableau sont étudiés dans A. Emiliani, *Federico Barocci*, Loreto 2008, vol. II, p. 296-298.

2. « Vi sono da quatordeci teste colorite a olio di mano del S.' » Baroccio, di vecchi, di donne, di giovani, e da vintiotto altri pezzi di carte colorite a olio di cose diverse, come pezzi di paesi, alberi, animali, frutti, acque, et altre bagatelle.

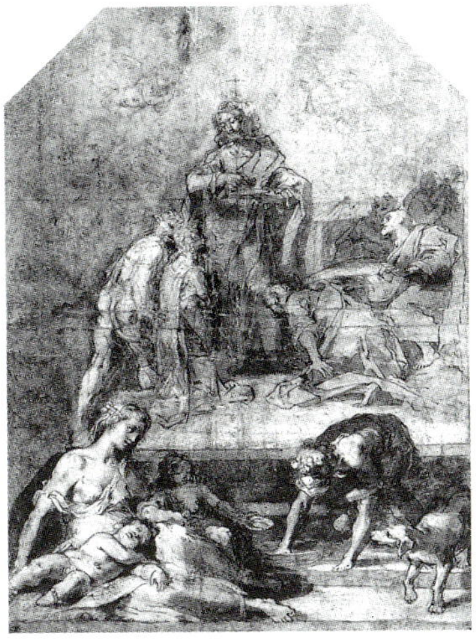

Fig. 5 : Federico Barocci, *Étude pour l'Institution de l'Eucharistie*, Chatsworth.

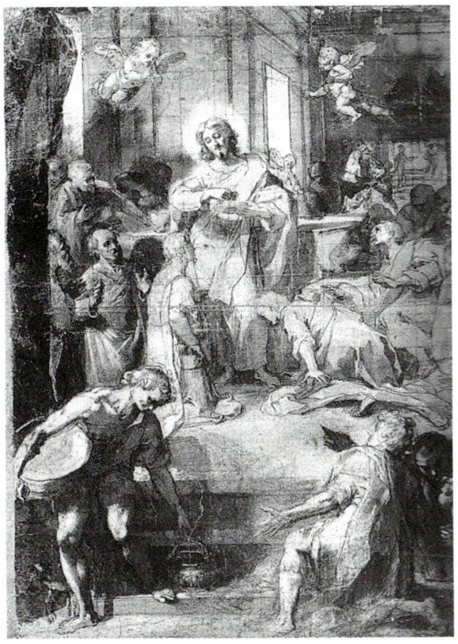

Fig. 6 : Federico Barocci, *L'Institution de l'Eucharistie*, Fitzwiliam Museum, Cambridge.

modernité irrésistible. C'est aussi moralement que l'émouvante expression semble affronter le grand changement de la peinture qui s'opérait avec Caravage. Ainsi, Barocci élabore-t-il avec une heureuse simplification la forme de cette ombre de la mémoire qui semble alors être la seule riposte à la violence caravagesque. C'est d'ailleurs probablement en opposition au Caravage en personne que l'auteur avait déjà imaginé l'image forte de l'apparition d'un démon aussi grand que la figure du Christ dans le premier projet. Le Caravage qui peu de temps auparavant avait affiché un goût violent de nature *existentialiste* et formelle. Celui-ci ne pouvait que

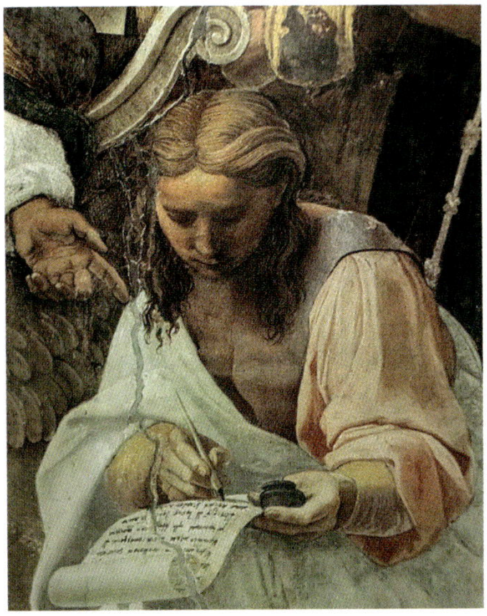

Fig. 7 : Raphaël, détail de *La Dispute du Saint-Sacrement*, Vatican.

s'opposer à Barocci dans sa conception de la peinture tournée vers l'homme certes, mais l'homme sans Dieu. Car si la peinture de Barocci est aussi orientée vers l'homme, c'est vers l'homme créature de Dieu. Naturellement, en tant que franciscain, Barocci peint avec cette compassion et cette intelligence de l'âme propre à sa spiritualité. En lui renaissait la figure rhétorique de l'allégorie du XVIe siècle, basée sur l'acceptation de « l'impossible crédible ».

Ainsi la *laudatio* franciscaine des frères capucins, reformule le passé, comme l'avait fait Raphaël avec Michel-Ange pour préserver la signification des origines mais avec un esprit mélancolique. Comme on le constate dans les années tardives de Barocci, une expression émue et pénétrée de la simplicité de la vie quotidienne cède à la réalité. Au seuil de l'âge baroque, un artiste qui n'a pas voulu connaître l'expérience du maniérisme et qui a promu la modernité d'Annibale Carrache (influencé par lui pour sa première modernité naturaliste) semble exprimer dans ce tableau un profond abandon existentiel émanant de l'émouvante condition poétique de la vieillesse et qui se traduit par une raréfaction passionnée de la matière picturale.

Pour conclure, il est intéressant de rappeler que le penseur socratique Héraclite vécu entre le Ve et le IVe siècle avant J. C. et qu'il est eu une influence considérable sur la pensée du monde occidental qui pourrait laisser penser à un choix délibéré de la part de Raphaël pour représenter la grande solitude individuelle de Michel-Ange. Dans *La Dispute du Saint-Sacrement*, il existe une figure de la main de Raphaël, datable entre 1508 et 1511, dans la même Stanza della Segnatura où un jeune lit un livre dans une posture similaire (**fig.** 7) à celle d'Héraclite.

Andrea Emiliani

Atelier de Federico BAROCCI

(Urbino, 1535 – 1612)

(Antonio VIVIANI, dit IL SORDO DI URBINO ?)

(Urbino, 1560 – 1620)

14 *La Madone du Rosaire apparaissant à saint Dominique de Guzmán*
Vers 1590

Huile sur papier.
55 × 39 cm.
Provenance : collection particulière, Paris.
Bibliographie comparative : A. Emiliani et G. Gaeta Bertelà (sous la direction de) *Mostra di Federico Barocci*, Bologna 1975, p. 167, cat. 197 et A. Emiliani, *Federico Barocci (Urbino 1535-1612)*, Ancona 2008, p. 265, fig. 558.

En 1588, la confraternité de l'Assomption et du Rosaire de Senigallia commanda à Barocci un tableau d'autel représentant *La Madone du Rosaire* (**fig. 1**), autrefois placé (selon Moroni) dans l'église de San Rocco d'où il fut retiré en raison des dégâts subis lors de la Seconde Guerre mondiale et aujourd'hui conservé au palais épiscopal de cette ville. La genèse de cette toile est relatée dans les minutes de la confraternité publiées par A. Anselmi [1].

Nous savons que fin 1582, année où l'on installa à Santa Croce de Senigallia, la *Déposition du Christ* de Barocci, les « Consœurs du Rosaire » commencèrent à recueillir des fonds pour ladite toile. En mars 1588, le gouverneur Curzio Zanibelli s'adressa à l'artiste et les premières démarches relatives au contrat purent avoir lieu. Dans une lettre du duc Francesco Maria II della Rovere adressée le 12 août 1592 à l'évêque de Todi, la toile est mentionnée avec la *Crucifixion* de Gènes et la *Cène* d'Urbino comme déjà commencée [2]. En 1596, selon Gronau [3], la *Madone du Rosaire* et la *Cène* se trouvaient encore en cours de réalisation, donnant raison à Anselmi [4] pour qui le tableau aurait été terminé entre 1596-1599.

L'Ashmolean Museum d'Oxford conserve un magnifique bozzetto en grisaille sur papier [5] préparatoire au tableau de Senigallia. Celle-ci témoigne des recherches particulières faites par Barocci pour la mise en place des valeurs d'ombres et de lumières avant préalable à la réalisation finale.

Le musée Poldi Pezzoli de Milan conserve une version d'atelier de mêmes dimensions provenant de la collection de Riccardo Lampugnani.

La remarquable qualité d'exécution et le format de notre version suggèrent que celle-ci a été réalisée directement d'après l'original d'Oxford par l'un des élèves les plus doués de l'atelier de Barocci, très probablement Antonio Viviani dit le Sordo d'Urbino [6] comme l'a aimablement suggéré le professeur Andrea Emiliani.

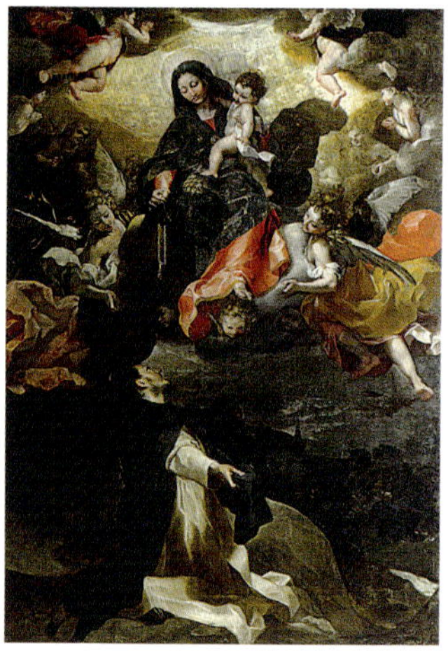

Fig. 1 : Federico Barocci, *La Madone du Rosaire apparaissant à saint Dominique*, Pinacothèque diocésaine, Senigallia.

1. A. Anselmi, in « Rass. Bibl. dell'Arte Italiana », VIII, 1905, p. 140 et suiv.
2. H. Olsen, *Federico Barocci*, Copenhagen 1962, p. 186.
3. G. Gronau, *Documenti artistici urbinati*, Firenze 1936, p. 29.
4. A. Anselmi, *op. cit.*
5. Dim. 545 × 385 mm. Inv. A.709.
6. *Cf.* Maria Rosaria Valazzi, (sous la direction d'Anna Maria Ambrosini Massari et Maria Cellini) in *Nel Segno di Barocci, Allievi e seguaci tra Marche, Umbria, Siena*, Milano 2005, p. 114-127.

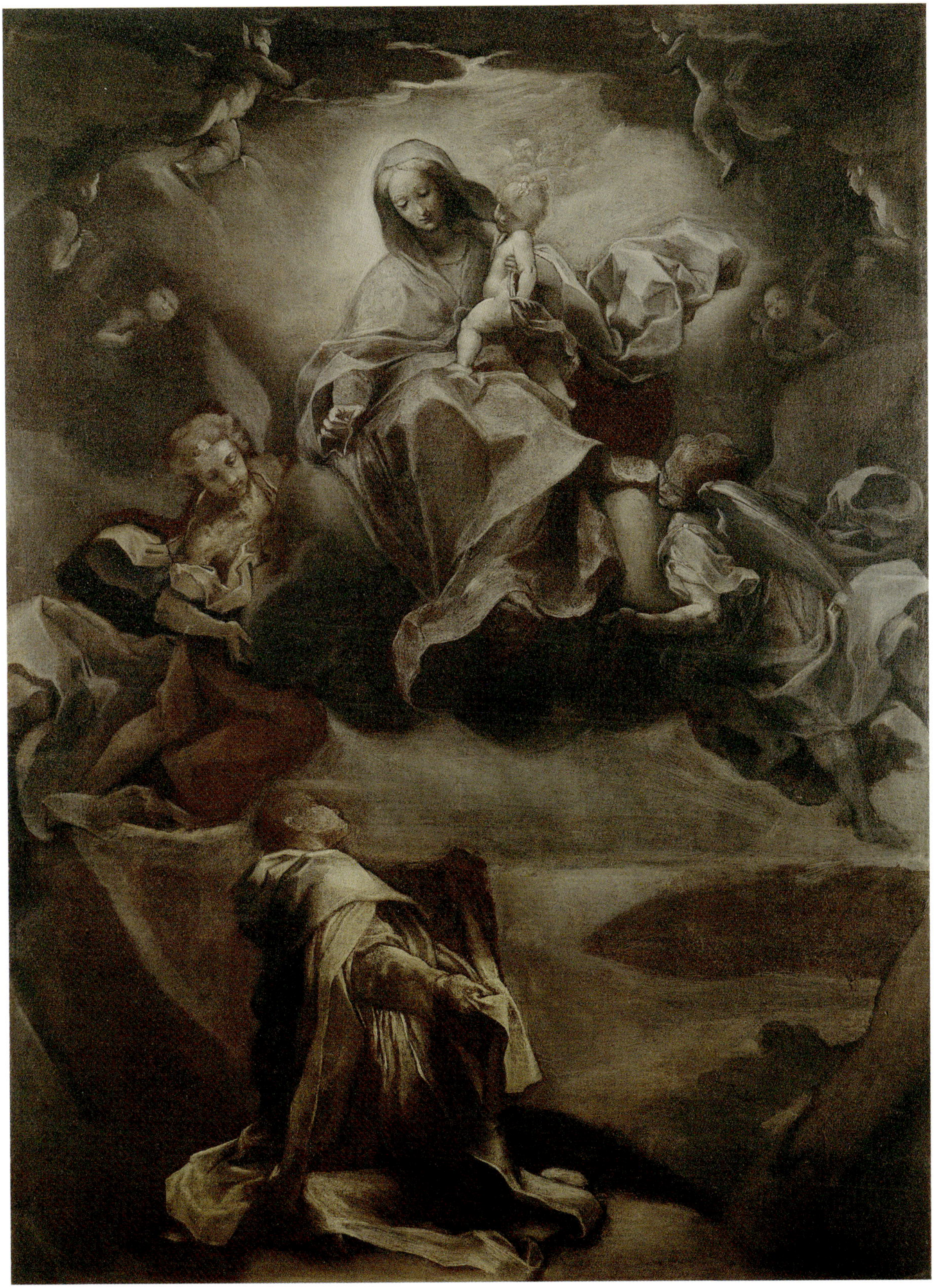

Raffaello SCHIAMINOSSI

(Borgo San Sepolcro, 1572 – 1622)

d'après Federico BAROCCI

(Urbino, 1535 – 1612)

15 *La Vierge Immaculée*

1613

Eau-forte.
190 × 170 mm.
Inscription : « Sancta Maria Mater Dei / Raphael Schiaminossi Pictor Incidebat Anno M.D.C.XIII ».
Provenance : collection particulière, Paris.
Bibliographie comparative : Bartsch, *Le Peintre graveur*, 21 vols, Vienne, 1803, XVII.221.34.

Cette belle estampe représente la *Vierge Immaculée* debout dans les nuages, le pied gauche s'appuyant sur la tête du démon. Le graveur s'inspire ici de la toile de même sujet peinte par Federico Barocci vers 1574-75 et conservée dans la Galleria Nazionale delle Marche à Urbino [1]. Un exemplaire de cette estampe est conservé au British Museum de Londres [2]. Schiaminossi est également l'auteur d'une autre estampe de même diamètre, elle aussi d'après Barocci et datée de 1613, représentant le *Christ bénissant* debout dans les nuages [3] et constituant le pendant de celle-ci.
Schiaminossi fut un graveur du maniérisme tardif, interprétant notamment les œuvres de Cornelis Cort, Ventura Salimbeni et Federico Barocci.

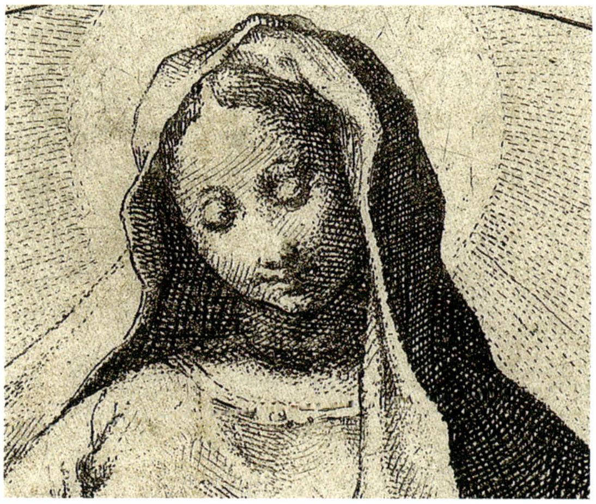

Détail

1. *Cf.* Judith W. Mann et Babette Bohn, *Barocci*, Saint Louis 2012, p. 134-135, n° 6.
2. *Cf.* British Museum, Londres, inv. n° 1869,0410.1806.
3. *Cf. idem*, inv. V,8.181 ; Bartsch XVII.220.33 ; cette estampe dérive de la figure du Christ représenté dans *Le Pardon d'Assise* peint par Barocci pour l'église de Saint-François en 1571-76 ; *cf.* Judith W. Mann et Babette Bohn, *Barocci*, Saint Louis 2012, p. 120-133, n° 5.

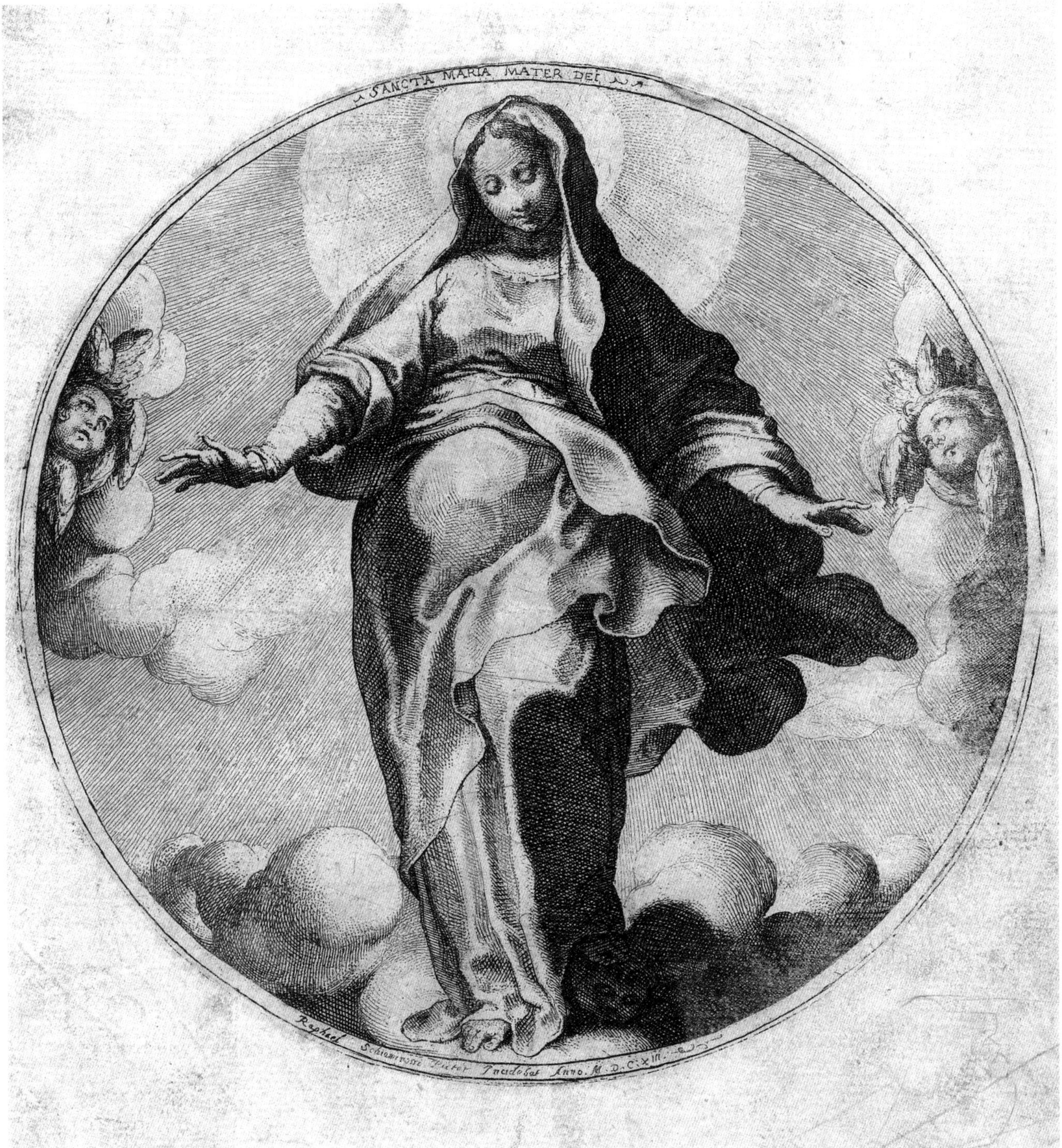
SANCTA MARIA MATER DEI
Raphael Schiaminossi Pictor Incidebat Anno. M.D.C.XIII.

Andrea LILLI, dit Andrea LILIO d'ANCONA

(Fano [Ancona], 1555/1570 – Ascoli Piceno, après 1639)

16 *Sainte Catherine d'Alexandrie*

Pierre noire et rehauts de craie blanche sur papier bleu. Le verso est frotté à la pierre noire en vue d'un transfert.
300 × 211 mm.
Provenance : collection particulière.
Bibliographie comparative : Massimo Pulini, *Andrea Lilio*, Milano 2003 ; F. Rangoni, *Aggiornamenti su Andrea Lilli*, in Paragone, 35, n° 415, 1984, p. 71-82 ; Nancy Ward Neilson, *By and about Andrea Lilli*, in "Nuove ricerche in margine alla mostra : Da Leonardo a Rembrandt, Atti del convegno internazionale di studi, 1990", Torino 1991 p. 187- 193 ; Mario Di Giampaolo, *Per Andrea Lilio disegnatore e una precisazione per il Cantarini*, in « Disegni marchigiani dal Cinquecento al Settecento », Firenze 1995, p. 77-85 ; Roda Eitel Porter, *Andrea Lilio's early years in Rome, Some newly proposed attributions*, "Apollo", n° 441, November 1998, p. 17-22 ; F. Rangoni, *Andreas de Ancona delineavit. Note su alcune incisioni*, in A. Forlani Tempesti (éd.), « Per Luigi Grassi. Disegno e Disegni », Rimini 1998, p. 198-205 ; M. Pulini, *Lilio allegorista. Quattro tele al Museo Bagatti Valsecchi e altre novità*, "Nuovi Studi", 1, 2004-2005, p. 225-229 ; L. Archangeli, *Andrea Lilli nella pittura delle Marche tra Cinquecento e Seicento* (cat. exp. Ancône, Pinacoteca Civica Francesco Podesti, 1985), Roma 1985 ; Nicolas Schwed, *Commentaires et additions au catalogue d'Andrea Lilli, dit Andrea d'Ancona*, in « Bulletin de l'association des historiens de l'Art italien » n° 13, Bayeux 2008, p. 57-70.

Cette feuille représente sainte Catherine d'Alexandrie couronnée par deux anges, l'un tenant des lys, l'autre une palme, allusion au martyre de la sainte. Cette dernière, debout sur une roue dentelée, tient une grande épée dont la pointe repose sur le sol. Placée sous le Saint-Esprit, la scène, délimitée à gauche par une colonne et à droite par un pilastre, a pour fond une ville à flanc de colline.
Il pourrait s'agir d'un dessin préparatoire à la toile de même sujet conservée dans la collégiale Sant'Urbano à Apiro (**fig. 1**) [1] dans laquelle la sainte semble enjamber la roue de la même manière.
Malgré le manque de documents relatifs au tableau, la tentative d'adaptation d'une composition maniériste au clair-obscur caravagesque conduit à proposer une datation vers 1610-1620. Un autre tableau représentant *Sainte Catherine d'Alexandrie*, peint pour l'église romaine de San Salvatore in Lauro et aujourd'hui perdu est durement critiqué par Baglione « benché si veda che vi ha durato fatica no arriva però alle opere, che furno nell'età giovanile ; e per esser travagliato o da liti, o da altre fatiche no riteneva più in sé la sua prima buona maniera » [2].

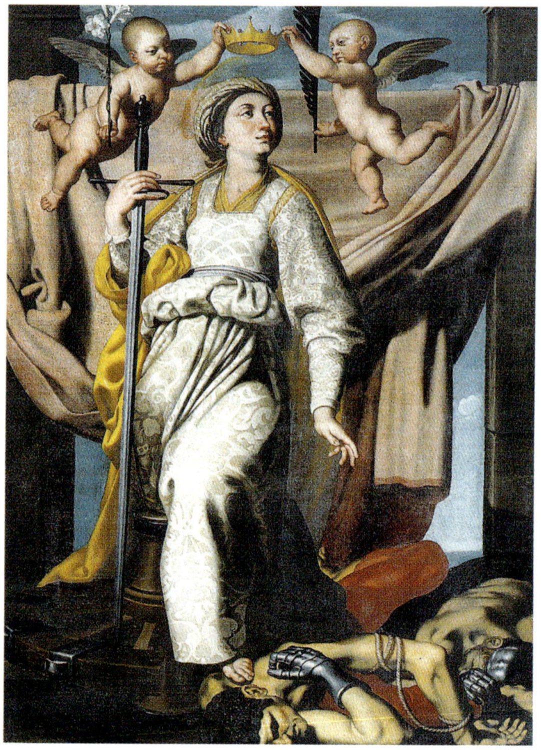

Fig. 1 : Andrea Lilli, *Sainte Catherine d'Alexandrie*, Collégiale Sant'Urbano, Apiro.

1. *Cf.* Massimo Pulini, *Andrea Lilio*, Milano 2003, p. 184-185.

2. Giovanni Baglione, *Le vite de'pittori, scultori e architetti, Dal pontificato di Gregorio XIII del 1572 in Fino ai tempi di Urbano VIII*, réimp. éd. 1649, sous la direction de C. Gadara Pesci (Velletri 1924), Bologna 1975, p. 140.

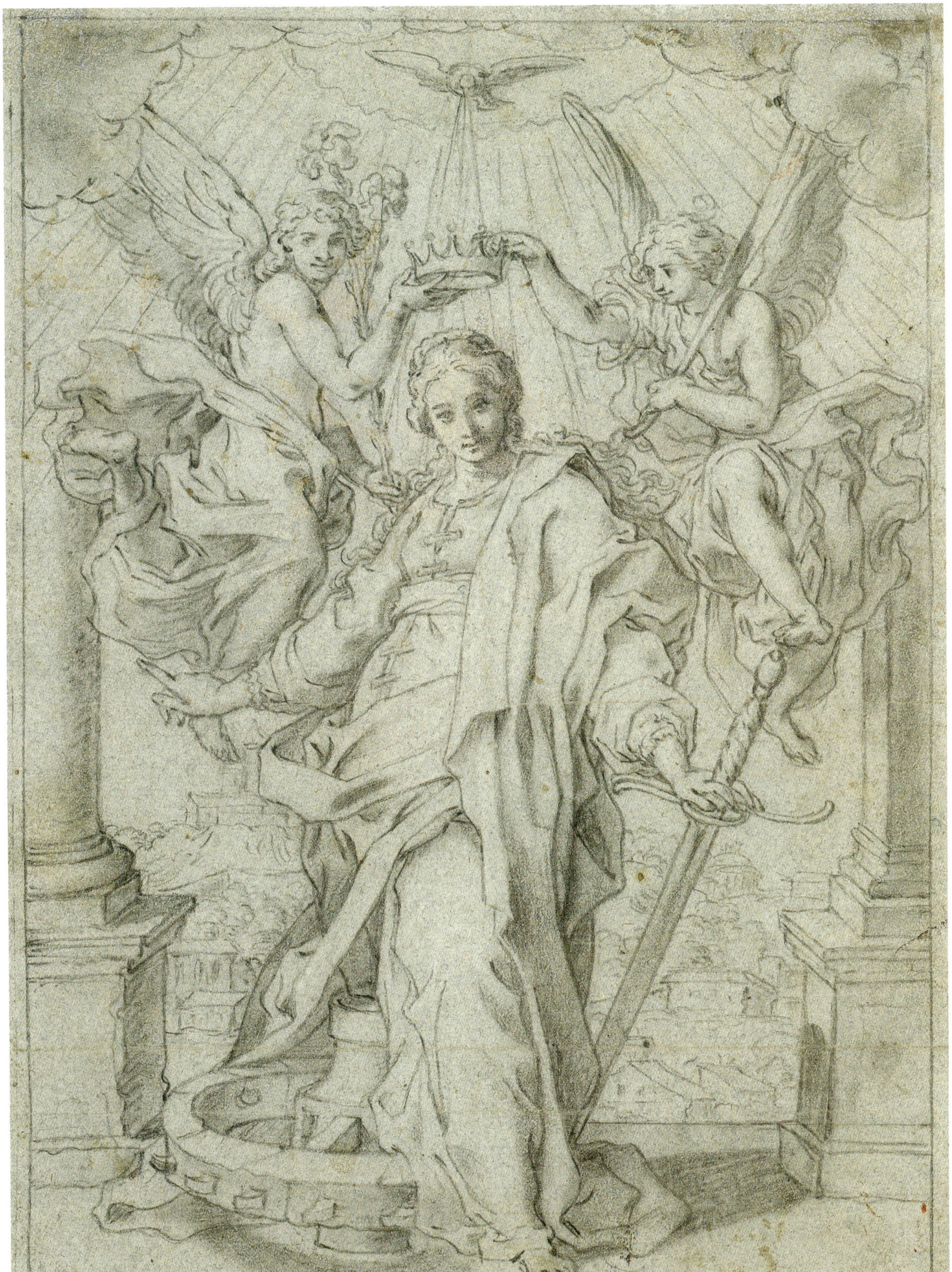

Andrea LILLI, dit Andrea LILIO d'ANCONA

(Fano [Ancona], 1555/1570 – Ascoli Piceno, après 1639)

17 *La Trinité avec le Christ mort porté par les anges*

Plume et lavis d'encre brune sur esquisse à la pierre noire.
La feuille est constituée de plusieurs éléments de papier découpés et collés.
224 × 134 mm.
Provenance : Sotheby's, Londres, 18 février 1959, lot 35 (comme Cigoli).
Collection Ralph Holland, Sotheby's, Londres, 5 juillet 2013, lot 425.
Bibliographie comparative : Luciano Arcangeli et Pietro Zampetti, *Andrea Lilli nella pittura delle Marche tra Cinquecento e Seicento*, Roma 1986 ; Massimo Pulini, *Andrea Lilio*, Milan 2003 ; Nicolas Schwed, *Commentaires et additions au catalogue d'Andrea Lilli dit Andrea d'Ancona*, in « Bulletin de l'association des historiens de l'Art Italien », Bayeux 2008, p. 57-70.

Ce dessin dont la composition s'inspire encore de l'estampe de Dürer datée de 1511 (**fig. 1**) est un exemple typique de la production graphique de l'artiste d'Ancône. Notre feuille s'intègre parfaitement dans le corpus de Lilio notamment par la manière caractéristique de traiter les ombres et lumières et à l'écriture rapide mais efficace offerte par les anges soutenant le corps du Christ. La physionomie de celui de droite est typique et se retrouve dans d'autres dessins de l'artiste. La technique consistant à coller plusieurs morceaux de papier est également typique de Lilio. La rareté des documents datés et une certaine régularité stylistique de la production sont autant d'obstacles à l'étude chronologique de son œuvre. Toutefois la position du Christ mort évoque celle offerte par la *Déposition* du Museo Civico de Bagnacavallo datée de 1596 (**fig. 2**) [1] pour laquelle un magnifique dessin est conservé au Musée Boijmans van Beuningen de Rotterdam [2].

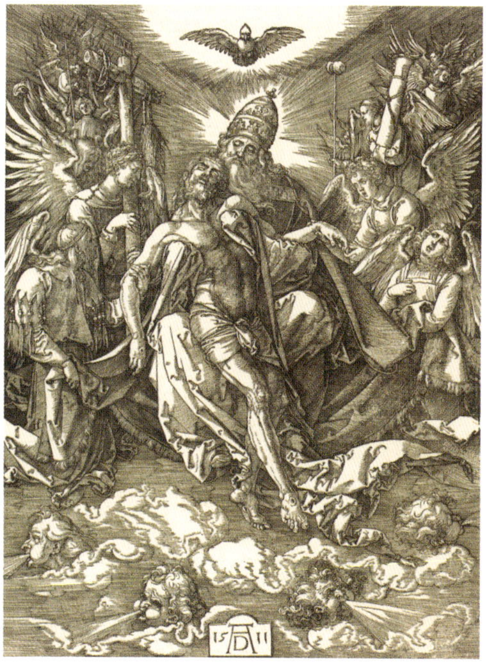

Fig. 1 : Albrecht Dürer, *La Trinité*.

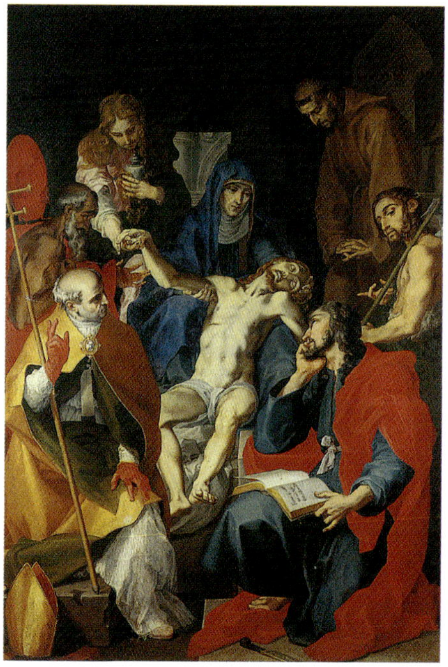

Fig. 2 : Andrea Lilli, *La Déposition*, Museo Civico de Bagnacavallo.

1. *Cf.* Massimo Pulini, *Andrea Lilio*, Milano 2003, p. 155-156, n° 55.
2. *Cf. ibidem*, p. 197-198, n° 7.

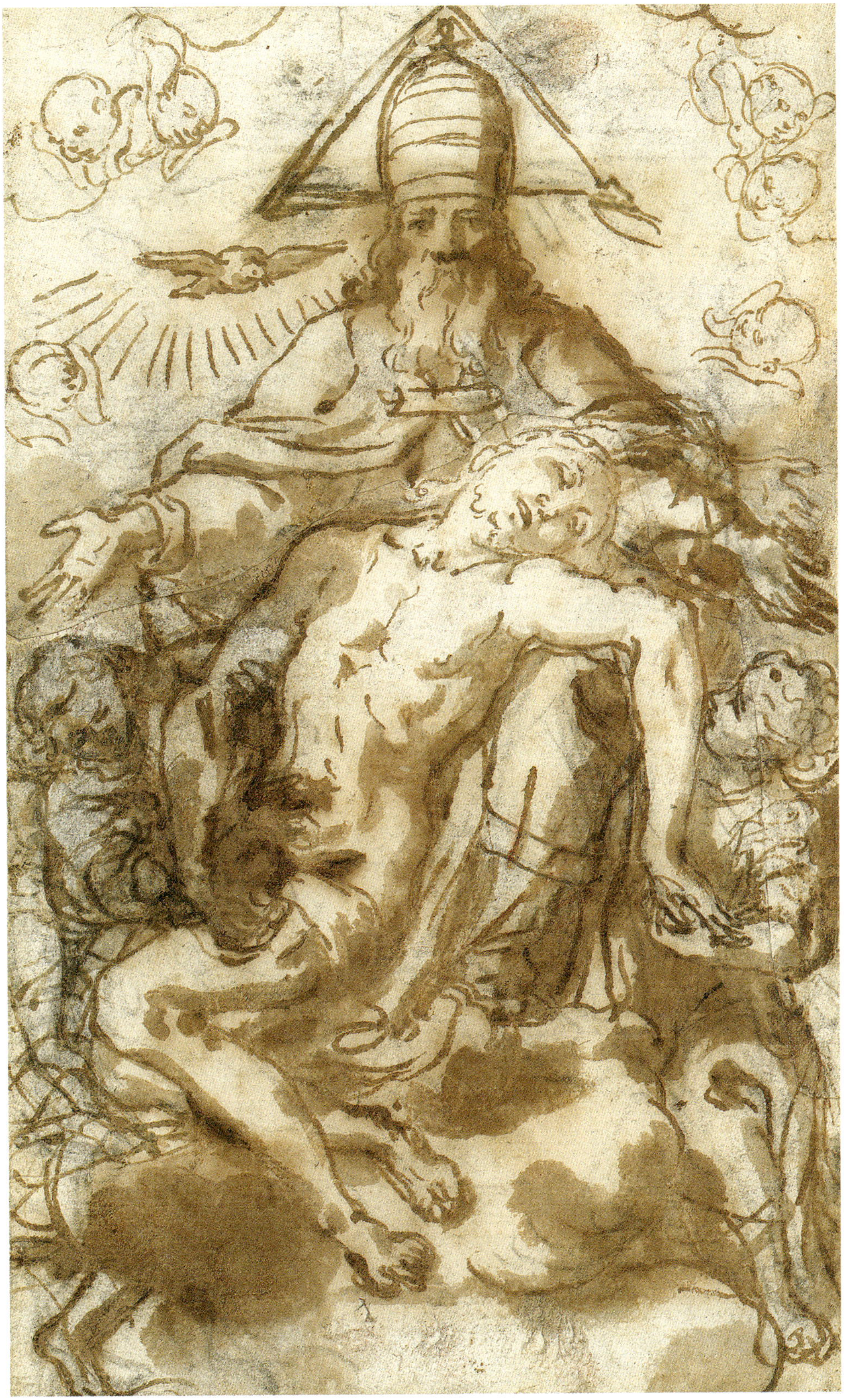

Andrea LILLI, dit Andrea LILIO d'ANCONA

(Fano [Ancona], vers 1565/1570 – Ascoli Piceno, après 1635)

18 *Dieu le Père apparaissant à deux saints franciscains*

Vers 1610-1620

Pierre noire, craie blanche et estompe sur papier brun clair. Mis au carreau à la pierre noire. Traces de peinture à l'huile.
392 × 250 mm.
Provenance : collection italienne de la fin du XVIIe s. avec inscription dans un phylactère « Lilli » et n° 22.
Bibliographie : N. Schwed, « Commentaires et additions au catalogue d'Andrea Lilli, dit Andrea d'Ancona », in *Bulletin de l'association des historiens de l'Art italien* n° 13, Bayeux 2008, p. 60, n° 4.
Bibliographie comparative : Massimo Pulini, *Andrea Lilio*, Milano 2003 ; F. Rangoni, *Aggiornamenti su Andrea Lilli*, in Paragone, 35, n° 415, 1984, p. 71-82 ; Nancy Ward Neilson, *By and about Andrea Lilli*, in "Nuove ricerche in margine alla mostra : Da Leonardo a Rembrandt, Atti del convegno internazionale di studi, 1990", Torino 1991 p. 187-193 ; Mario Di Giampaolo, *Per Andrea Lilio disegnatore e una precisazione per il Cantarini*, in « Disegni marchigiani dal Cinquecento al Settecento », Firenze 1995, p. 77-85 ; Roda Eitel Porter, *Andrea Lilio's early years in Rome, Some newly proposed attributions*, "Apollo", n° 441, November 1998, p. 17-22 ; F. Rangoni, *Andreas de Ancona delineavit. Note su alcune incisioni*, in A. Forlani Tempesti (éd.), « Per Luigi Grassi. Disegno e Disegni », Rimini 1998, p. 198-205 ; M. Pulini, *Lilio allegorista. Quattro tele al Museo Bagatti Valsecchi e altre novità*, "Nuovi Studi", 1, 2004-2005, p. 225-229 ; L. Archangeli, *Andrea Lilli nella pittura delle Marche tra Cinquecento e Seicento* (cat. exp. Ancône, Pinacoteca Civica Francesco Podesti, 1985), Roma 1985 ; Nicolas Schwed, *Commentaires et additions au catalogue d'Andrea Lilli, dit Andrea d'Ancona*, in « Bulletin de l'association des historiens de l'Art italien » n° 13, Bayeux 2008, p. 57-70.

Actif entre sa région natale des Marches et Rome, Andrea Lilli est un artiste influencé par Federico Barocci (lui aussi originaire des Marches) et Guido Reni. Son style graphique se rapproche parfois aussi de celui de certains maniéristes siennois *baroccesques* tels que Francesco Vanni et Ventura Salimbeni. Certains effets de clair-obscur semblent montrer ici une influence des solutions caravagesques contemporaines cohérente avec la datation de 1610-1620 proposée par Nicolas Schwed.

Ce dessin très fini, dont la composition et la mise au carreau suggèrent un travail préparatoire à un tableau d'autel, a probablement été commandé par un ordre franciscain auquel devaient appartenir les deux saints représentés.

Ceux-ci sont placés sous le Père Éternel dominant la scène, entouré d'une gloire d'anges. Le moine de gauche, plus âgé, se tient debout face à une table sur laquelle est posé un livre qu'il est en train d'écrire. Il est surmonté du symbole de l'Eucharistie tandis qu'il contemple le Saint-Esprit. On pourrait penser à saint Jacques de La Marche, sujet déjà traité par l'artiste, mais il s'agit plus probablement de saint Pierre d'Alcantara aussi associé à un encrier, à un livre (*Traité sur l'oraison*) et à la Colombe du Saint-Esprit, dans un tableau de Pietro Novelli[1] dont Lilio a par ailleurs tiré un dessin à l'Art Institute de Chicago[2]. La physionomie du saint est ici parfaitement conforme aux nombreuses représentations du réformateur des Carmes déchaussés. L'autre religieux est représenté agenouillé, les mains jointes en signe de prière et regardant l'Eucharistie. Ainsi chaque saint contemple l'attribut en face de lui, créant un jeu de diagonales.

Fréquemment représentés dans l'œuvre de Lilio, les thèmes franciscains permettent à l'artiste de s'inscrire naturellement dans la tradition de Barocci.

Il est intéressant de noter que le montage est celui d'un collectionneur de la fin du XVIIe siècle facilement reconnaissable grâce au phylactère typique portant le nom de l'artiste (**fig. 1**). La plupart des dessins ainsi montés sont assez souvent attribués à des artistes originaires des Marches.

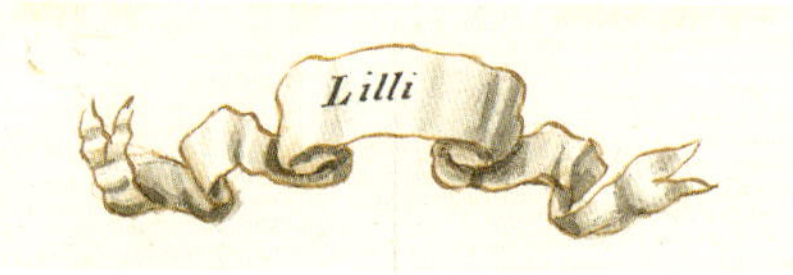

Fig. 1 : détail du montage.

1. Le tableau de Pietro Novelli représentant *Saint Pierre d'Alcantara* est conservé à Santa Maria degli Angeli à Palerme.

2. *Cf.* Massimo Pulini, *Andrea Lilio*, Milano 2003, p. 208-209.

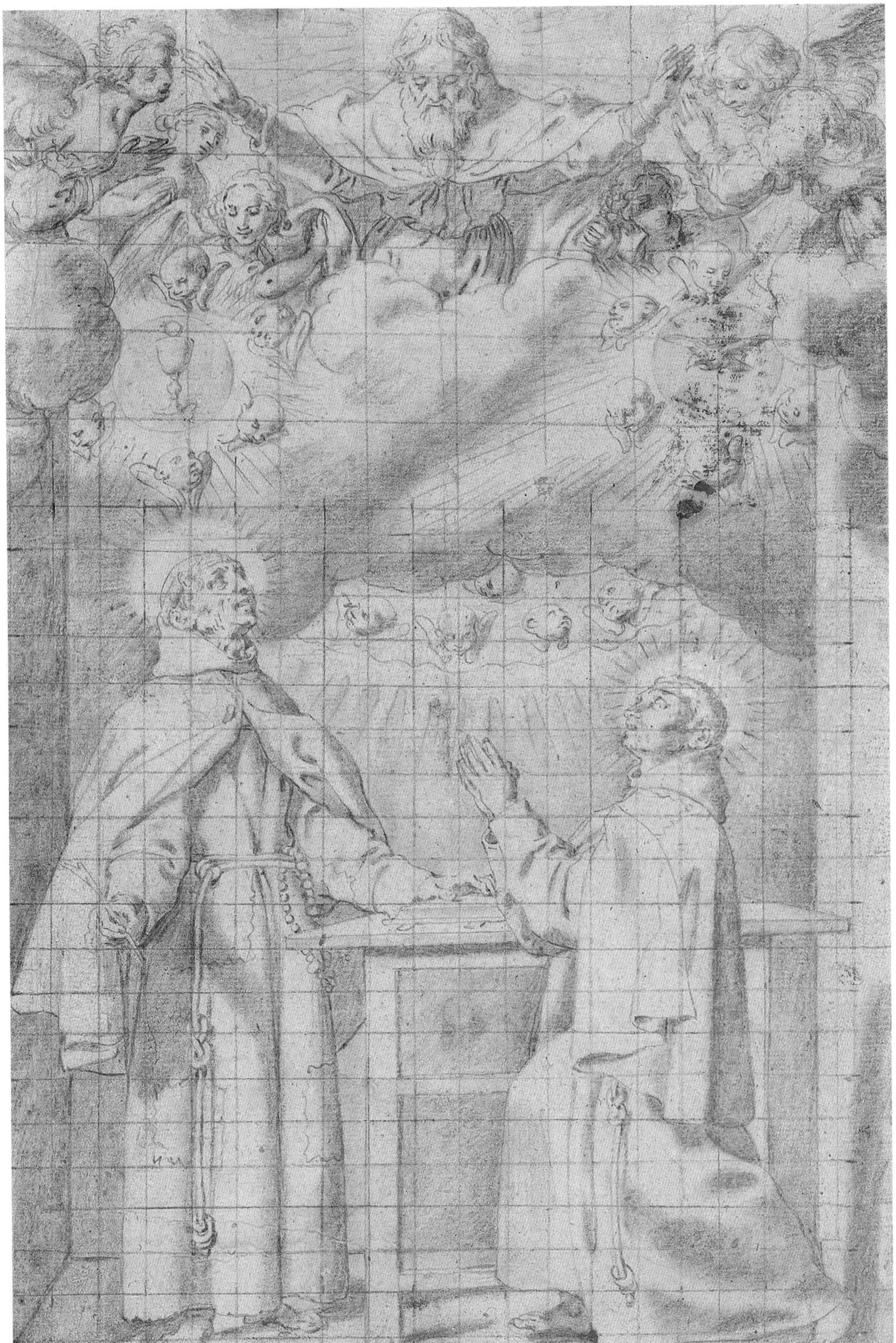

Andrea LILLI, dit Andrea LILIO d'ANCONA

(Fano [Ancona], vers 1565/1570 – Ascoli Piceno, après 1635)

19 *Saint François, saint Jacques de la Marche et un autre saint franciscain*

Aquarelle sur vélin.
270 × 225 mm.
Provenance : collection particulière, Paris.
Bibliographie comparative : Massimo Pulini, *Andrea Lilio*, Milano 2003, p. 189, n° 111, pl. 123.

Parvenu dans un état de fraîcheur exceptionnel, ce précieux vélin (*carta pecora*) inédit (il s'agit ici de la cinquième œuvre du genre dans le corpus de Lilio) est à rapprocher de celui de même sujet, conservé dans la Galleria Nazionale delle Marche à Urbino (**fig. 1**) [1] qui reprend la composition du tableau d'Ascoli Piceno représentant *Trois saints franciscains* (**fig. 2**) [2]. La version étudiée ici présente toutefois quelques variantes par rapport à la miniature d'Urbino, notamment par l'ajout d'un troisième moine plongé dans la lecture d'un livre. Par l'attitude des personnages aux gestes anguleux, Lilio crée une image hélicoïdale pivotant autour du crâne. La croix monumentale, dominant la composition, traduit indubitablement la volonté franciscaine de placer celle-ci au centre de l'univers. Saint Jacques de la Marche (1391-1476), franciscain, originaire d'Ancône comme Lilio, passait le plus clair de ses nuits au pied de la croix. Le saint a par ailleurs échappé à plusieurs tentatives d'empoisonnement grâce au signe de la croix. Le choix insolite mais délibéré de la miniature, technique très ancienne, d'un raffinement sans commune mesure avec les grandes toiles de l'artiste, constitue ici une approche intemporelle et intimiste de ce thème, invitant le spectateur au recueillement et à la méditation.

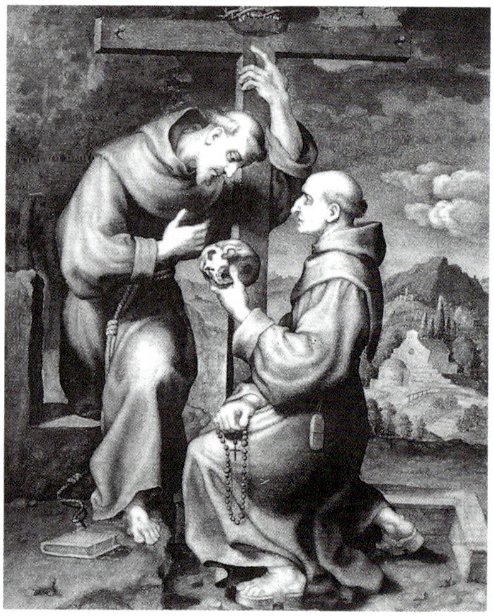

Fig. 1 : Andrea Lilli, *Saint François et saint Jacques de la Marche*, Galleria Nazionale delle Marche, Urbino.

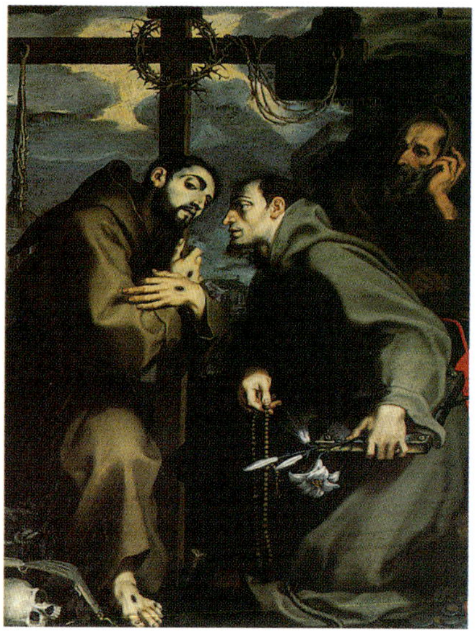

Fig. 2 : Andrea Lilli, *Trois saints franciscains*, Couvent de San Serafino, Ascoli Piceno.

1. Inv. n° 283 D, dim. : 260 × 206 mm. Une autre miniature représentant *Les saints François, Antoine, Bonaventure et Léon* provenant des collections du cardinal Francesco Barberini a fait l'objet d'un paiement de 15 *scudi* en juillet 1627. Cette commande s'explique facilement par la dévotion particulière du cardinal Barberini envers son saint-patron.

2. Massimo Pulini, *ibidem*, cat. n° 74, p. 165-166.

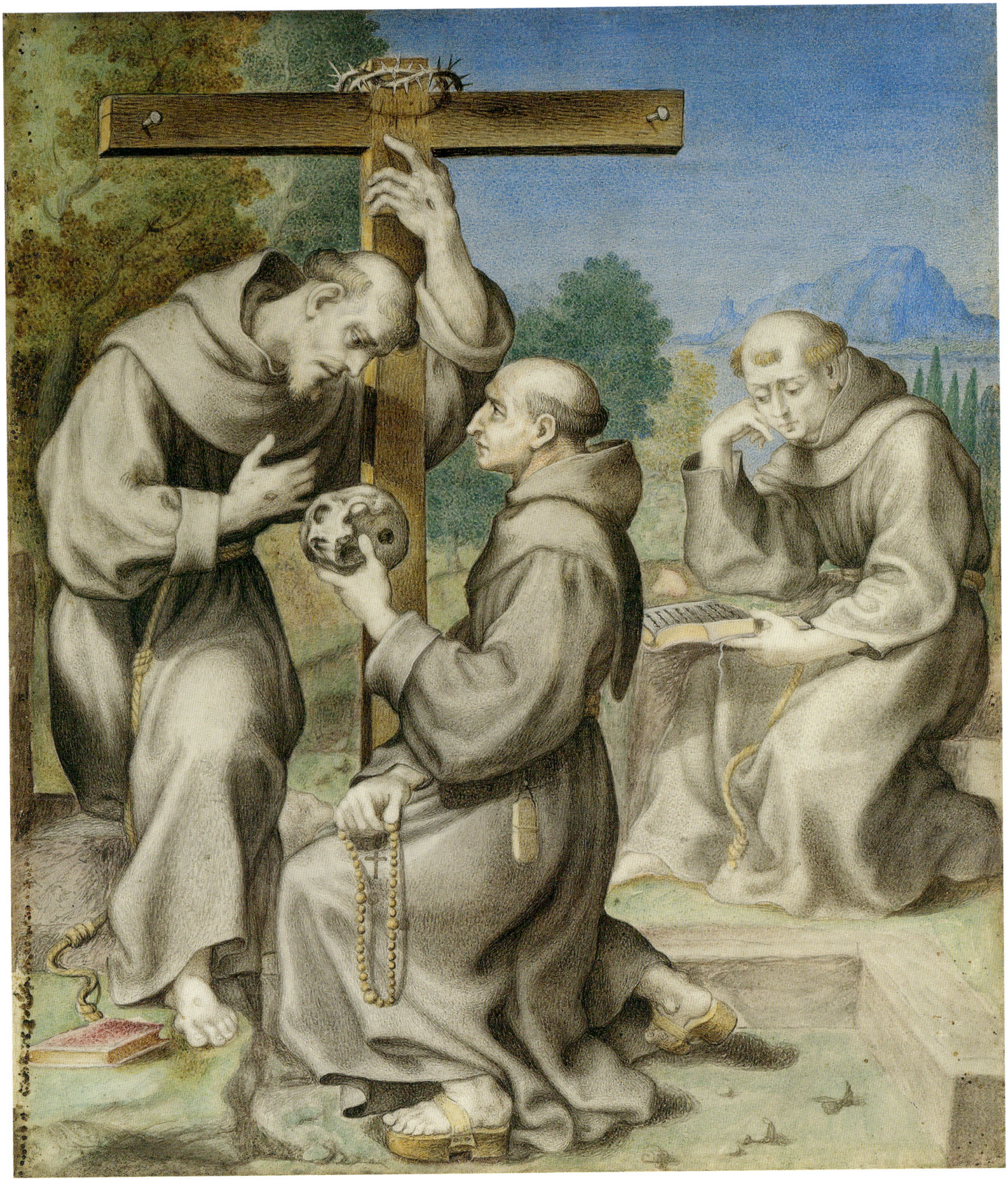

Antonio VIVIANI, dit IL SORDO DI URBINO

(Urbino, 1560 – 1620)

21 *L'Incrédulité de saint Thomas*

Plume et lavis d'encre brune et rouge, lavis de sanguine sur traits de sanguine.
331 × 276 mm.
Annotation « Zuchero » à la plume en bas à gauche.
Filigrane : aigle dans un cercle.
Provenance : collection particulière.
Bibliographie comparative : Massimo Moretti, Alessandro Zuccari, sous la direction d'Alessandra Giannotti et Claudio Pizzurusso, in *Federico Barocci 1535-1612, L'incanto del colore, Una lezione per due secoli*, Milano 2009, p. 146-155.

La composition de cette apparition de saint Thomas évoque instantanément les principales œuvres de la contre-réforme à Rome des années 1570. On pense, par exemple aux peintures de Federico Zuccaro dans la cathédrale d'Orvieto [1], à celles de Girolamo Muziano dans la Chapelle Ruiz à Santa Caterina dei Funari [2], œuvres de référence pour les artistes séjournant à Rome et ce jusqu'à la fin du siècle. Bien que la composition du dessin rappelle les œuvres de ces deux artistes, la manière et le style physionomique des personnages suggère une datation légèrement plus tardive, dans les années 80. Stylistiquement, cette feuille appartient typiquement à ce courant de l'école romaine généralement appelée *maniera sistina*, un style très caractéristique et homogène employé par de nombreux peintres travaillant sur les chantiers de décoration commandés par le pape Sixte V (1585-90), incluant des lieux de pouvoir pontifical tels que le palais du Latran, la Scala Santa et la Bibliothèque Vaticane. L'auteur de notre dessin fait partie des nombreux artistes venus des Marches pour trouver du travail sur les différents sites de ce pape. Cela se constate par certains détails typiques des Marches tels qu'une légère maladresse dans le rendu des anatomies et un goût pour des types physiques à la limite du grotesque, comme les yeux minuscules et rapprochés, les mentons saillants, les fronts larges et les petits nez pointus. Ces détails proviennent généralement d'artistes des Marches à Rome et particulièrement d'Andrea Lilio (vers 1555-vers 1527) d'Ancône ; et c'est précisément à l'un des compatriotes de Lilio qu'il faut donner ce très beau dessin [3]. Né à Urbino, Antonio Viviani collabora avec Lilio à diverses occasions (la Scala Santa, la Bibliothèque Vaticane, à San Girolamo degli Schiavoni). Avant son départ pour Rome au début des années 80 il étudia dans l'atelier de Federico Barocci qui resta un point de référence permanent tout au long de sa carrière. L'influence baroccesque affleure presque toujours dans les peintures de Viviani ; qui plus que tout autre élève de Barocci à Urbino développa un style à la fois personnel et indépendant du maître. S'il est difficile de déceler la main du jeune Viviani dans les nombreux chantiers de Sixte V auxquels il prit part lors de son arrivée à

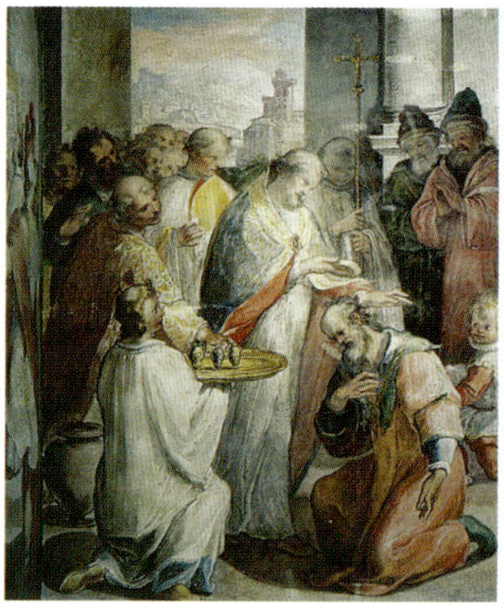

Fig. 1 : Antonio Viviani, *Fra Girolamo d'Ascoli convertissant un roi tatare*, Bilbiothèque Vaticane.

1. C. Acidini Luchinat, *Taddeo e Federico Zuccari fratelli pittori del Cinquecento*, Milano 1999, II, p. 37-39.
2. P. Tosini, *Girolamo Muziano, 1532-1592 : dalla maniera alla natura*, Roma 2008, p. 175-177 et p. 360-365, cat. A 15.
3. Voir L. Mochi Onori, « Antonio Viviani » in P. Dal Proggetto (éd.) *Le arti nelle Marche al tempo di Sisto V*, Cinisello Balsamo 1992, p. 328-330 ; C. Monbeig Goguel, « Les deux "Antonio da Urbino" élèves de Barocci : autour de quelques dessins identifiés d'Antonio Cimatori et une proposition pour Antonio Viviani » in M. Di Giampaolo (éd.), *Dal disegno all'opera compiuta*, Perugia 1992, p. 109-122 ; M. R. Valazzi, « Antonio Viviani detto il Sordo di Urbino » in A. M. Ambrosini Massari et M. Cellini (éd.), *Nel segno di Barocci*, Milano 2005, p. 114-127.
4. A. Scavizzi, « Gli affreschi della Scala Santa e alcune aggiunte al tardomanierismo romano » in *Bollettino d'arte*, 4. Ser., 45, 1960, p. 327 ; A. Zuccari, *I pittori di Sisto V*, Roma 1992, p. 69, 96, pl. XXVII.
5. J. Gere, Taddeo Zuccaro. *His development studied in his drawings*, London 1969, p. 138, cat. n° 22, pl. 94.

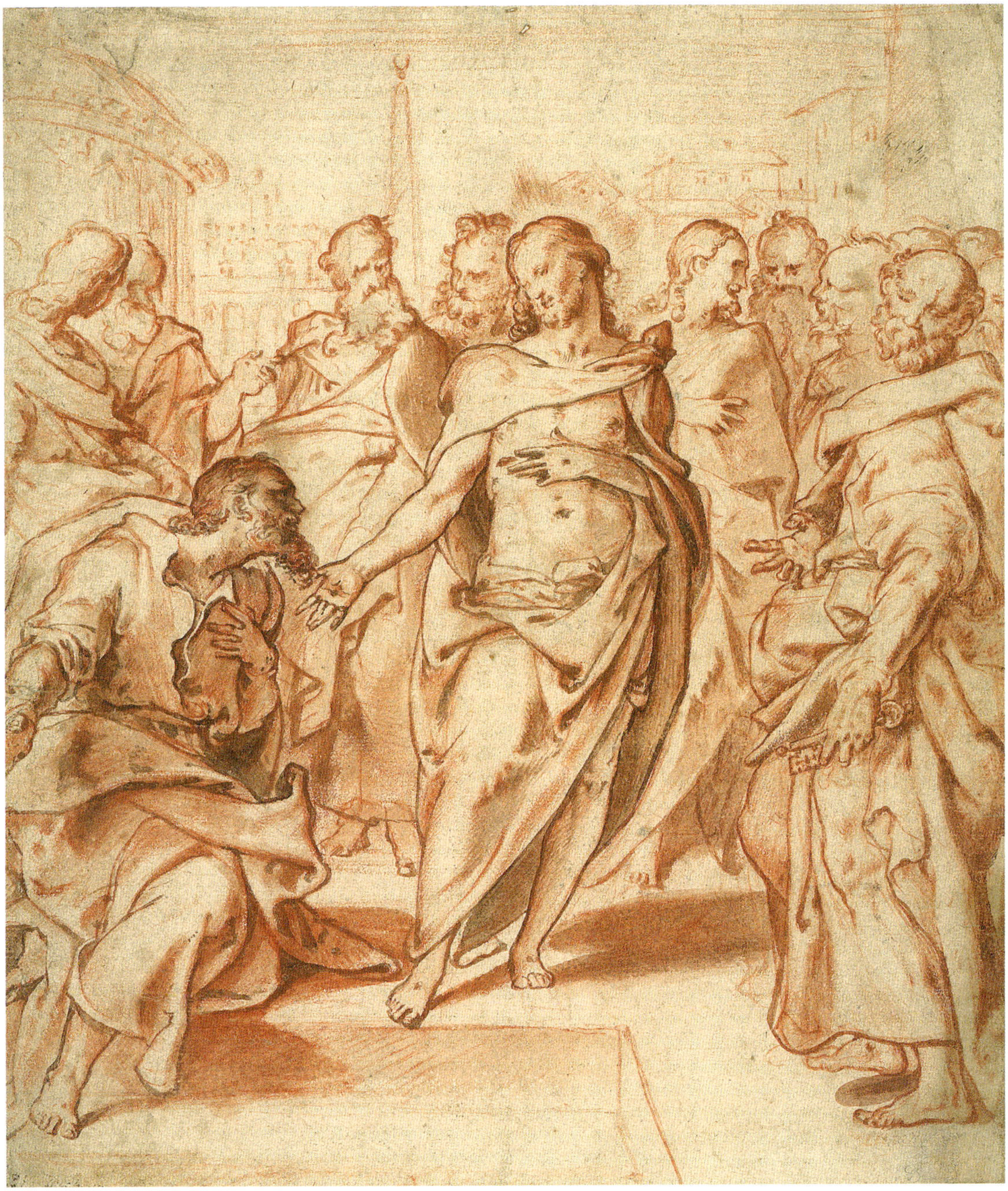

Rome, il est encore plus délicat d'identifier les dessins de cette nouvelle phase de sa carrière. C'est Marco Simone Bolzoni qui, le premier, a eu l'intuition de rapprocher *L'incrédulité de saint Thomas* de la fresque représentant *Fra Girolamo d'Ascoli convertissant un roi tatare* de la Bibliothèque Vaticane (**fig. 1**), dont la première attribution à Viviani est due à Giuseppe Scavizzi et à Alessandro Zuccari[4]. Dans le dessin, les figures du Christ et de saint Thomas partagent un certain nombre de caractéristiques avec la fresque riche en références baroccesques. On y retrouve de nombreuses similitudes dans les vêtements, les gestes et les types physiques des protagonistes. En ce qui concerne la technique utilisée dans ce dessin, il faut souligner la combinaison, rare et fascinante, de la sanguine et de l'aquarelle de même couleur, une technique attestée mais dans quelques dessins de cette période seulement, dont le plus beau est certainement la célèbre feuille d'études de Taddeo Zuccaro pour l'*Aveuglement d'Elymas* et le *Sacrifice à Lystra* de l'Art Institute of Chicago[5].

Antonio VIVIANI, dit IL SORDO DI URBINO (attribué à)

(Urbino, 1560 – 1620)

22 *Saint Jean-Baptiste à la source* (recto)
Étude pour une Transfiguration ou une Assomption (verso)

Sanguine, lavis de sanguine et rehauts de gouache blanche. Mis au carreau.
205 × 158 mm.
Provenance : collection particulière.
Bibliographie : Massimo Moretti, Alessandro Zuccari, sous la direction d'Alessandra Giannotti et Claudio Pizzurusso, in *Federico Barocci 1535-1612, L'incanto del colore, Una lezione per due secoli*, Milano 2009, p. 146-155 ; Maria Rosaria Valazzi, (sous la direction de Anna Maria Ambrosini Massari et Marina Cellini) in *Nel segno di Barocci, Allievi e seguaci tra Marche, Umbria, Siena*, Milano 2005, p. 114-127.

Le recto de cette feuille mise au carreau semble indiquer un projet pour un tableau mettant en scène le jeune saint saisi en train de remplir sa coupelle auprès de la source jaillissant du rocher.

Si le dessin présente des caractéristiques proches de certains artistes siennois tels qu'Alessandro Casolani, certains détails tels que la physionomie des personnages, les profils perdus, la forme des mains, le traitement de la musculature ainsi que le rapide croquis au verso nous incitent à y reconnaître la main d'Antonio Viviani dit il Sordo d'Urbino, neveu et élève de Federico Barocci. Natif d'Urbino, Viviani se rendit à Rome où il prit part à d'importants chantiers lancés par le pape Sixte Quint (1585-90).

La comparaison avec *L'Incrédulité de saint Thomas*[1] probablement datable de cette période romaine nous paraît tout à fait convaincante tant par l'usage, technique rare, du lavis de sanguine, que par la juxtaposition de plusieurs éléments stylistiques. Les deux personnages du verso sont les jumeaux de ceux figurant à l'extrême-gauche et à droite du Christ de *L'Incrédulité*, offrant le même type de profil perdu souligné par une ligne épaisse tracée au pinceau. Le drapé de saint Jean reproduit la même structure mouvementée que celui de saint Thomas ce qui ne peut être le simple fait du hasard. On retrouve le même type de chevelure disposée en boucles retombant sur les épaules et souvent dominée par la même petite mèche rebelle. Les barbes ondulées et fournies présentent également de fortes similitudes dans les deux dessins.

L'Incrédulité doit beaucoup à Muziano. Le *Saint Jean-Baptiste* correspond probablement à cette même période, rappelant les nombreuses figures d'ermites méditant en parfaite communion avec la nature, à la seule différence que le saint occupe ici un espace plus important grâce à un cadrage plus serré, évoquant les représentations de saint François dans la nature si chères à Barocci.

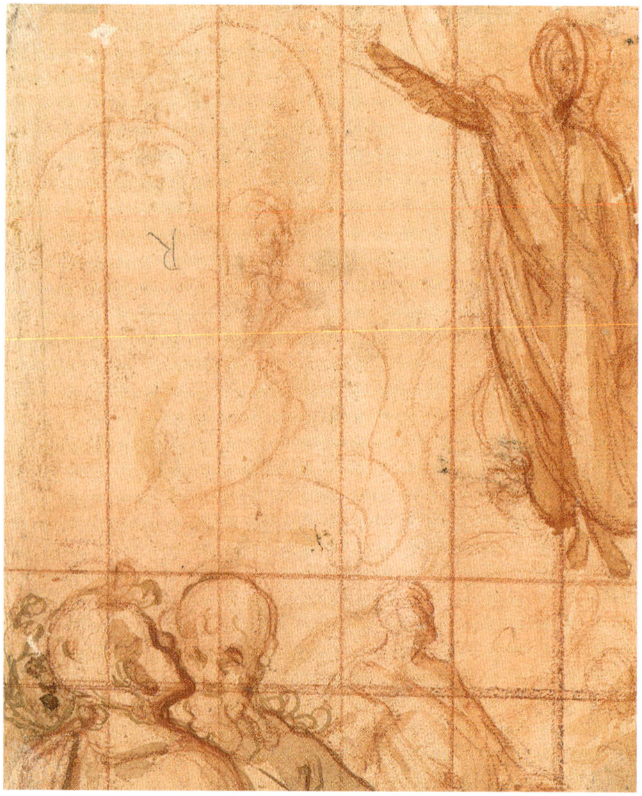

Verso

1. Donnée à Viviani sur la base de l'attribution à l'artiste faite par A. Zuccari de la fresque de la Bibliothèque Vaticane représentant *Saint Girolamo d'Ascoli baptisant un roi tatare. Cf.* n° 21 de ce catalogue.

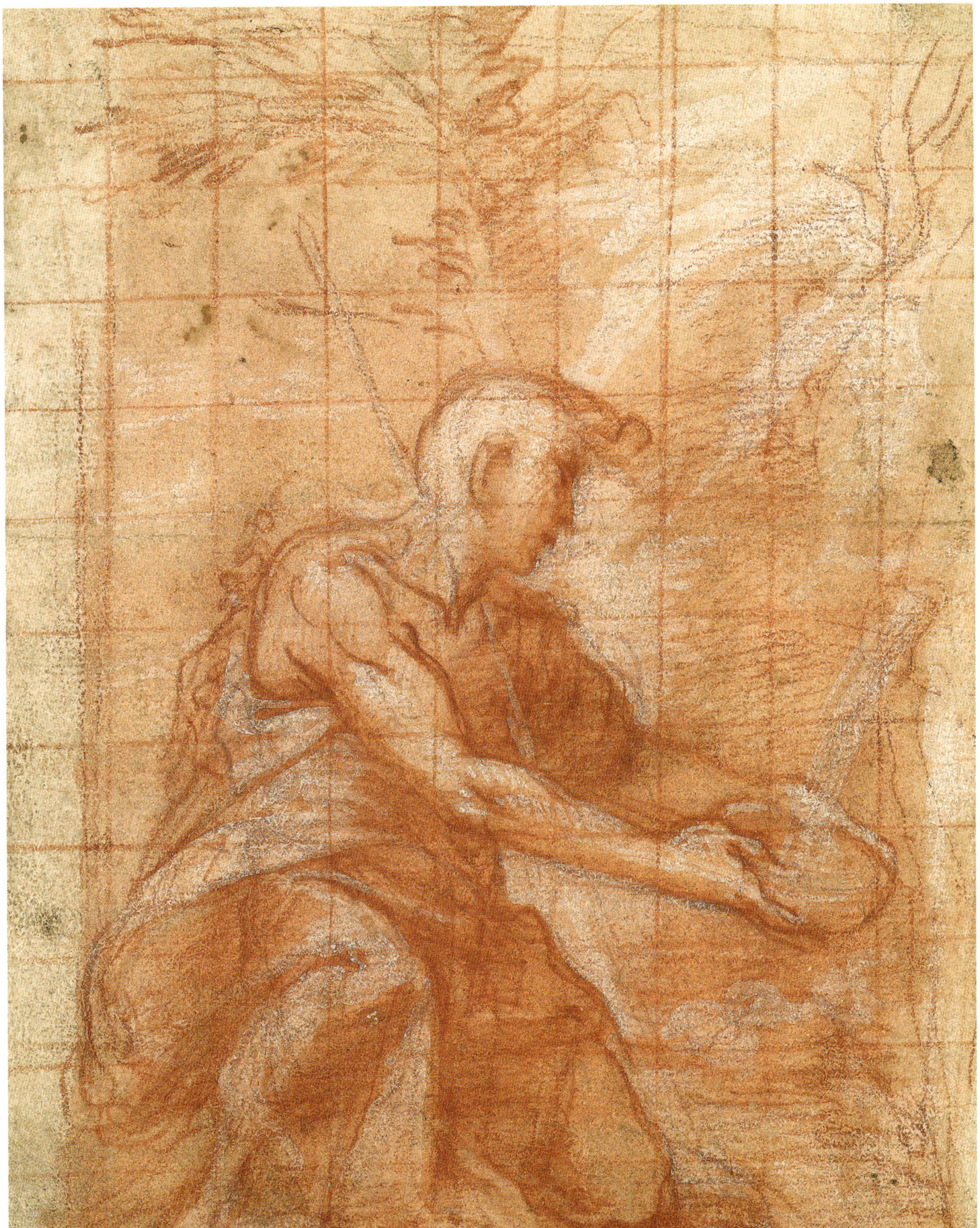

Filippo BELLINI

(Urbino, vers 1550 – Macerata, 1603)

23 *Le Repas à Emmaüs*

Plume et lavis d'encre brune sur tracé à la pierre noire.
248 × 391 mm.
Annotation ancienne : « Cappucino Genovese ».
Provenance : Milton Hebald, sa marque, non répertoriée dans Lugt.
Bibliographie : Catherine Monbeig Goguel, *Filippo Bellini da Urbino della scuola del Baroccio*, in « Master Drawings », XIII, n° 4, 1976, p. 347-370 ; *cf.* Benedetta Montevecchi, (sous la direction de Anna Maria Ambrosini Massari et Marina Cellini) in *Nel segno di Barocci, Allievi e seguaci tra Marche, Umbria, Siena*, Milano 2005, p. 174-185, (pour *Le Repas d'Emmaüs* de Macerata *cf.* p. 182-183) ; A. Nesi, *Note baroccesche tra Marche e Toscana, Filippo Bellini, Giovanbattista Mossi, Jacopo Benettini e Francesco Cungi*, in « Notizie da Palazzo Albani », 36-37, 2007-2008 (2008), p. 89-102 ; Francesco Grisolia, *Disegni di Pietro Candido, Girolamo Nanni, Filippo Bellini e Giuseppe Nicola Nasini*, in « Paragone, Arte », Anno LXIV, terza serie, n°s 109-110, Firenze, Maggio-Luglio 2013.

Bien qu'aucun document ne nous soit parvenu, Bellini a toujours été considéré comme l'un des élèves de Federico Barocci (1535-1612). Il est plus probable pourtant, comme le suggèrent Federico Zeri et Catherine Goguel, qu'il doive plutôt être considéré comme un suiveur, au même titre que Ferrau Fenzoni (1532-1645) et qu'Andrea Lilli (c. 1570-après 1635), proposant une nouvelle manière, plus personnelle, dérivée de l'art de Barocci. Il est possible que Bellini ait été contraint à quitter Urbino vers 1579 en raison d'une concurrence trop difficile avec Barocci, s'établissant à Jesi dont il devint citoyen en 1595 et où il fut enterré. Il travailla à Ancone puis à Fabriano vers la fin de sa vie ainsi qu'à Macerata où il mourut.
C'est précisément pour la cathédrale San Giuliano de Macerata, que Bellini exécuta ce *Repas à Emmaüs* (**fig. 1**) avec *La Cène* et *La Déposition*, destinés respectivement aux parois latérales et à l'autel de la chapelle de la Confraternité du Très Saint-Sacrement, constituant la dernière commande de l'artiste. La commande fut tout d'abord confiée à Felice Damiani (vers 1560-1608) [1] mais le décor fut finalement assigné à Bellini en 1599. L'artiste ne commença le travail qu'en 1602-1603, et le laissa inachevé en raison de sa mort soudaine en juillet 1603. Le chantier fut achevé par l'élève Palazino Fedeli.
À la suite de la destruction de la cathédrale en 1770, les toiles furent transférées dans le presbytère et dans la sacristie de la nouvelle église.
Le dessin montre quelques variantes par rapport à la toile définitive où le Christ est situé au centre de la composition. Le tableau, plus que le dessin encore, met en évidence non seulement l'esprit évidemment baroccesque par le choix de la gamme chromatique, mais également une forte influence vénitienne héritée du Tintoret se traduisant par de puissants effets luministes. Il est par ailleurs intéressant de comparer notre dessin avec celui conservé à Princeton, préparatoire pour *La Cène*, où des contrastes semblables sont utilisés par l'artiste.
L'annotation ancienne attribuant le dessin à Bernardo Strozzi, est aisément explicable par le caractère fortement génois des personnages au premier plan à droite évoquant les figures dessinées de Giulio Benso.

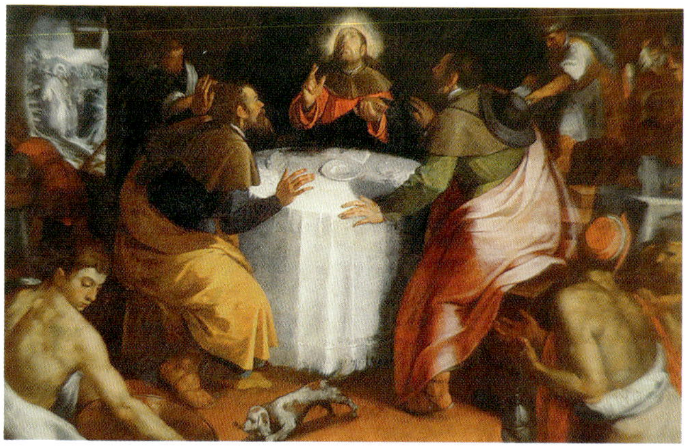

Fig. 1 : Filippo Bellini, *Le Repas à Emmaüs*, cathédrale San Giuliano de Macerata.

1. *Cf.* n° 24 de ce catalogue.

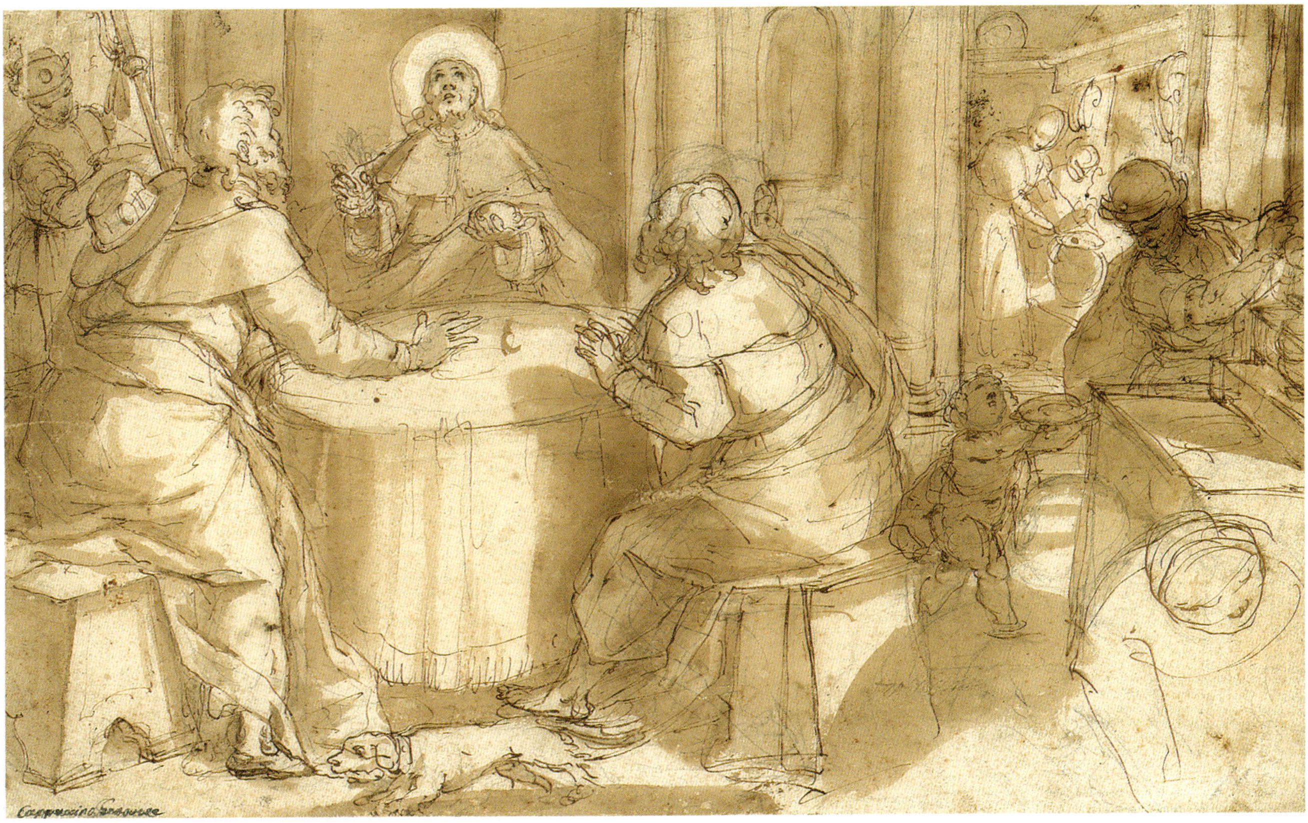

Felice DAMIANI

(Gubbio, vers 1560 – 1608)

24 *Vierge à l'Enfant*

Plume et encre brune.
142 × 124 mm.
Texte manuscrit autographe au verso.
Provenance : collection particulière, Poitiers.
Bibliographie comparative : D. Morganti, « Su Felice Damiani disegnatore », in *Paragone. Arte*, 64, 109/110, 2013, p. 9-17.

Né à Gubbio en 1530, Felice Damiani occupe une place de choix parmi les représentants de la peinture maniériste en Ombrie à la fin du XVIe siècle. Cette place, il la doit notamment à sa capacité à intégrer les tendances artistiques de son temps. Felice Damiani aurait reçu sa formation initiale au sein même de sa ville natale, dans l'atelier de celui qui était alors considéré comme le plus grand peintre de Gubbio, Benedetto Nucci. Formé par ce maître à un maniérisme raphaélesque archaïsant, Damiani développe rapidement un maniérisme « réformé » dont il devient l'un des principaux représentants. Son style se rapproche alors de celui des peintres Federico Zuccaro, Santi di Tito, Cesare Nebbia ou encore Durante Alberti, avec lesquels il partage une approche rigoureuse et austère de la composition. Sa peinture s'inspire aussi fortement des compositions « protobaroque » de Federico Barocci alors très en vogue dans les Marches voisines. Il aurait d'autre part été en contact avec l'art vénitien probablement par l'intermédiaire du peintre de Vérone Claudio Ridolfi, très présent dans la ville voisine d'Urbino à la fin du XVIe siècle.

Felice Damiani fut principalement actif dans la région de Foligno en Ombrie et dans des Marches où il peint de nombreux retables. Parmi les œuvres les plus célèbres du peintre, il convient de citer la fresque représentant *La Cène* qu'il réalise pour le réfectoire du Palazzo Apostolico de Loreto en 1585 et les fresques de *La Vie de la Vierge* peintes la même année pour le comte Antonio Brancaleone dans son château de Piobbico. Son travail le plus reconnu reste toutefois les décors réalisés entre 1594 et 1597 pour le sanctuaire de la Madonna dei Lumi à San Severino dans les Marches (chapelle de la Visitation et chapelle de la Nativité). L'influence de Barocci se fait particulièrement sentir dans la composition du retable de la chapelle de la Visitation fortement inspirée par la grande toile de même sujet peinte par le maître en 1583-1586 pour l'église Santa Maria in Vallicella à Rome.

Si l'œuvre peint de Damiani est bien documenté, ce n'est hélas pas le cas de son œuvre graphique. Ses dessins sont en effet encore très souvent identifiés dans les collections comme « école de Zuccaro ». La première étude les concernant est due à Hugo Chapman [1] qui parvient à identifier deux d'entre eux, préparatoires au décor de la chapelle de la Visitation [2].

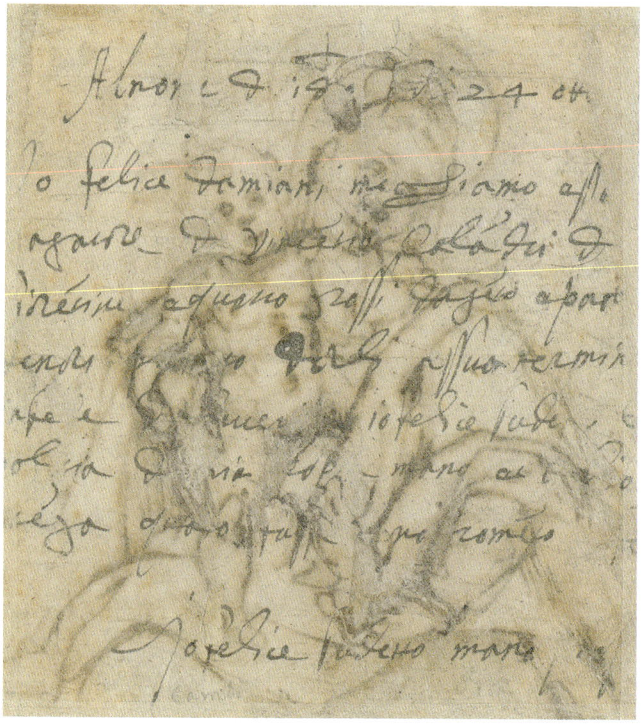

Verso

1. Hugo Chapman, « Two drawings by Felice Damiani », in *Apollo*, CLIII, 469, 2001, p. 24-25.
2. Prague, Národní galerie, inv. K 41845 et Londres, British Museum, inv. 2000,0325.11.
3. Denis Morganti, « Su Felice Damiani Disegnatore », in *Paragone*, LXIV, 109-110, 2013, p. 9-17.
4. *La fuite en Égypte*, Oxford, Ashmolean Museum, inv. A117 ; *La Circoncision*, Milano, Museo Poldi Pezzoli, inv. 5000 ; *L'Annonce aux Bergers*, Madrid, Museo Cerralbo, inv. 4733 ; *La Vierge à l'Enfant accompagnée de saints*, Paris, musée du Louvre, inv. 4489 ; *Le Baptême de saint Augustin*, Londres, Marché de l'art.

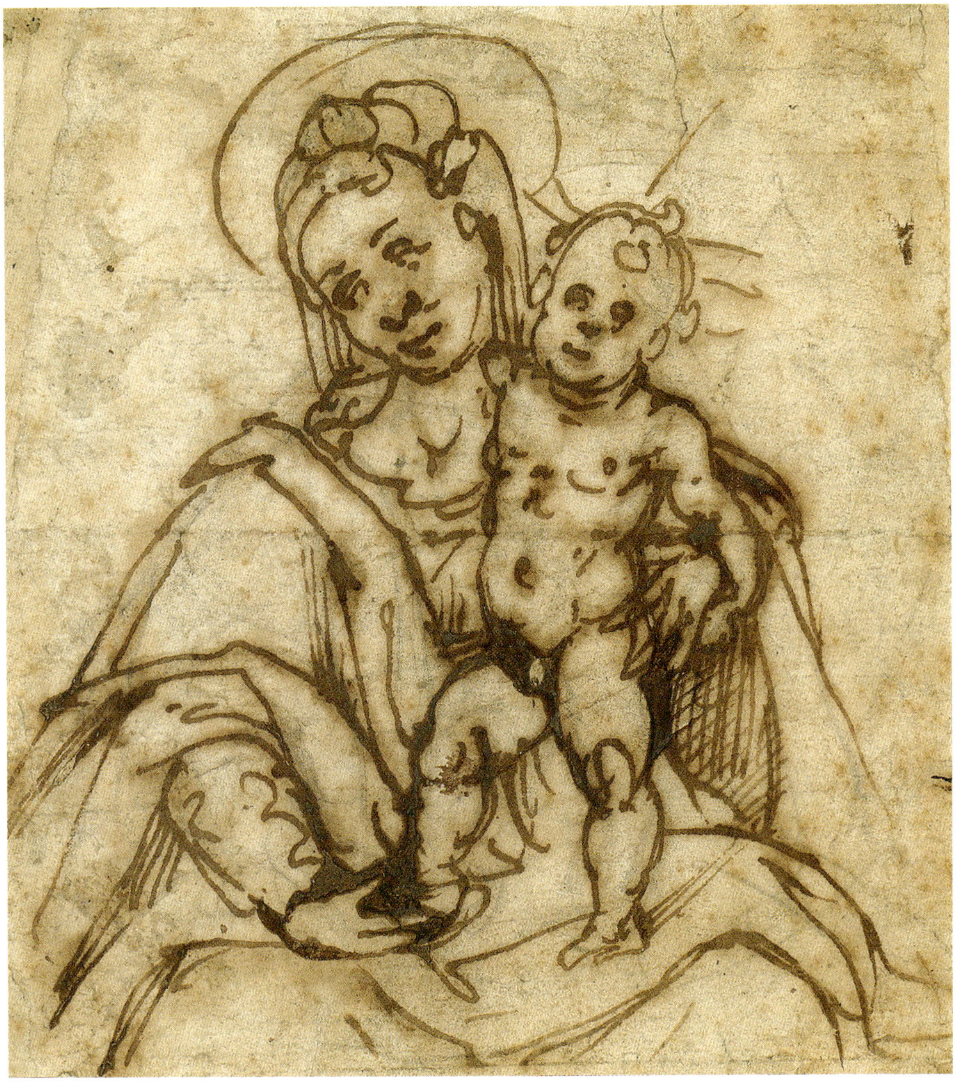

Une nouvelle étude publiée en 2013 par Denis Morganti[3] a permis d'augmenter ce corpus par l'attribution à Damiani de cinq dessins[4].

Notre feuille est donc la huitième connue à ce jour, et la seule présentant une dédicace de la main de Damiani, ce qui en fait un nouveau jalon dans l'étude de son œuvre graphique. On peut en effet voir au dos du dessin une longue annotation, difficilement lisible, mais comportant clairement la mention "*Io Felice Damiani*", « moi Felice Damiani ». Représentant une *Vierge à l'Enfant*, notre dessin diffère, par son exécution fluide et rapide, des études très abouties qui font la majorité des dessins donnés à l'artiste. Cette étude est donc un témoin d'autant plus important dans l'analyse stylistique des dessins de l'artiste. La seule œuvre pouvant lui être comparée est le dessin préparatoire à la *Visitation* de San Severino conservé à Prague, dont le style rappelle notamment certains dessins de Taddeo Zuccaro par ses contours griffonnés. Nous pouvons donc espérer que notre *Vierge à l'Enfant* permettra désormais d'identifier et de rendre au maître de Gubbio des œuvres longtemps données à d'autres.

Hans Villette

Alessandro CASOLANI

(Mensano/Casole d'Elsa, 1552/53 – Sienne, 1607)

25 *La Vierge à l'Enfant remettant la couronne d'épines à sainte Catherine de Sienne* (recto) *Études pour l'Enfant Jésus et sculptures antiques* (verso)

Plume et lavis d'encre brune sur tracé à la pierre noire.
225 × 169 mm.
Annoté au verso : « Aug. Carracci ».
Provenance : Iohan Quirjn van Regteren Altena (Amsterdam 1899-*id.* 1980). Cachet de collection au verso Lugt. 4617. Extrait d'un catalogue de vente découpé et collé, lot 434.
Bibliographie : Amsterdam, Rijksmuseum, *Italiaanse tekeningen uit een Amsterdamse collectie* (catalogue de l'exposition par Iohan Quirjn van Regteren Altena sous la direction de K.G. Boon), Amsterdam 1970, n° 80.
Bibliographie comparative : Alessandro Bagnoli, *Il piacere del colorire, Percorso artistico di Alessandro Casolani 1552/53-1607*, cat. exp., Firenze 2002 ; Eric Pagliano, *Dess(e)ins italiens – Collection du Musée des Beaux-Arts de Lyon*, Paris 2008, p. 72-16, n° 16 ; Marco Ciampolini, *Pittori senesi del Seicento*, Sienne 2010, I, p. 123, 125.

D'origine siennoise, Alessandro Casolani fut l'élève de Ventura Salimbeni (Sienne, 1568-1613) et de Cristoforo Roncalli (Pomarance, vers 1553-Rome, 1626) tout en manifestant un grand intérêt pour l'art de Federico Barocci à l'instar de son compatriote Francesco Vanni (Sienne, 1563-1610). Casolani compte au rang des principaux protagonistes du maniérisme tardif à Sienne.

Le verso de la feuille représente sainte Catherine de Sienne recevant la couronne d'épines des mains de l'Enfant Jésus assis sur les genoux de la Vierge. Casolani met en scène la grande sainte locale dans d'autres feuilles dont l'une comparable à la nôtre, est conservée au musée de Lyon[1], une autre à la Biblioteca Comunale de Sienne[2] et une autre encore, très proche de celle-ci à l'Albertina de Vienne[3]. Il est intéressant de noter que la position de l'Enfant s'inspire d'une manière explicite directement du « contraposto » du torse antique étudié au verso de la feuille. Dans la notice du catalogue des dessins italiens du musée des Beaux-Arts de Lyon, Éric Pagliano recense les différentes œuvres sur ce thème et met le recto du dessin lyonnais en relation avec le tableau conservé au Museo Civico de Sienne[4].

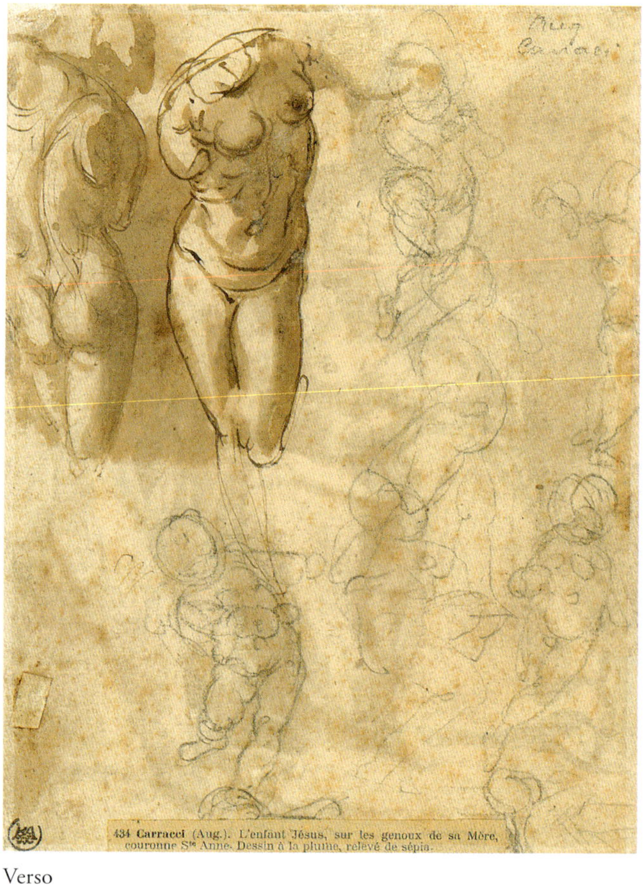

Verso

1. *La Vierge à l'Enfant remettant la couronne d'épines à sainte Catherine de Sienne entre deux figures*, 186 × 150, musée des Beaux-Arts de Lyon, inv. 1962-641.
2. *La Vierge à l'Enfant avec le petit saint Jean et sainte Catherine de Sienne*, Biblioteca Comunale, Sienne, S. II. 9, fol. 44r.
3. *La Vierge à l'Enfant remettant la couronne d'épines à sainte Catherine de Sienne*, Albertina, Vienne, inv. 13161.
4. Alessandro Bagnoli, *Il piacere del colorire, Percorso artistico di Alessandro Casolani 1552/53-1607*, cat. exp., Firenze 2002, n° 28, p. 26.

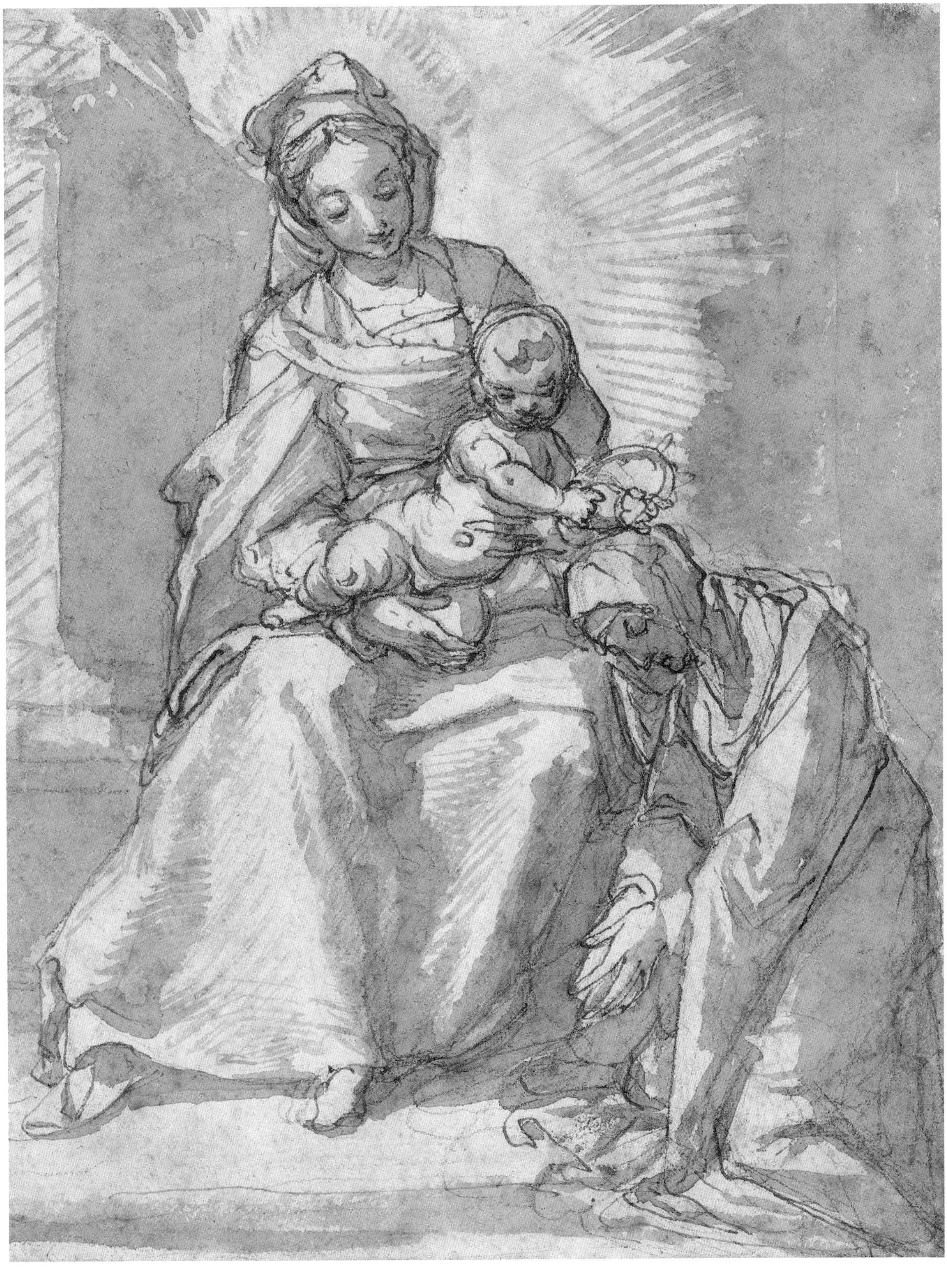

Rutilio MANETTI

(Sienne, 1571 – 1639)

26 *Sainte Famille avec le Mariage mystique de sainte Catherine de Sienne*
Entre 1599 et 1605

Huile sur panneau avec cadre intégral en *cartapesta* dorée.
Diam. total : 93,5 cm.
Diam. de la partie peinte : 57,3 cm.
Marque au fer au dos du panneau en forme de grappe barrée portant un « R » ou « PR » et surmontée d'une croix à deux traverses.
Provenance : collection particulière, Monaco.
Bibliographie comparative : Alessandro Bagnoli, *Rutilio Manetti*, Firenze 1978.

Réalisé entre 1599 et 1605, plus vraisemblablement autour de 1604-1605 par comparaison avec l'étendard de saint Roch (Sienne église San Pietro alle scale dite aussi San Pietro in Castelvecchio), et plus particulièrement le registre inférieur de la face représentant saint Roch et sainte Catherine, ce tondo nous offre une vision intimiste du mariage mystique de sainte Catherine de Sienne. La sainte vient d'échanger sa couronne de fleurs contre celle d'épines que lui tendent simultanément la Vierge et l'Enfant-Jésus. Les visages ronds des personnages et la palette de couleurs sont typiques de cette période de l'artiste siennois qui précède sa « conversion » au caravagisme.

Pour ce qui concerne le cadre intégral en *cartapesta* dorée, on connaît deux exemples très proches chez Marco Pino (Sienne, 1524-Naples, après 1582), l'un représentant *La Vierge à l'Enfant avec saint Galgano et saint Paul* à la pinacothèque de Sienne (**fig. 1**), l'autre, *La Sainte Famille avec saint Jean-Baptiste* dans la collection Monte dei Paschi toujours à Sienne (**fig. 2**). Les deux ont été publiés dans le catalogue de l'exposition *La sculpture in cartapesta*, Silvana Editoriale 2008 [1].

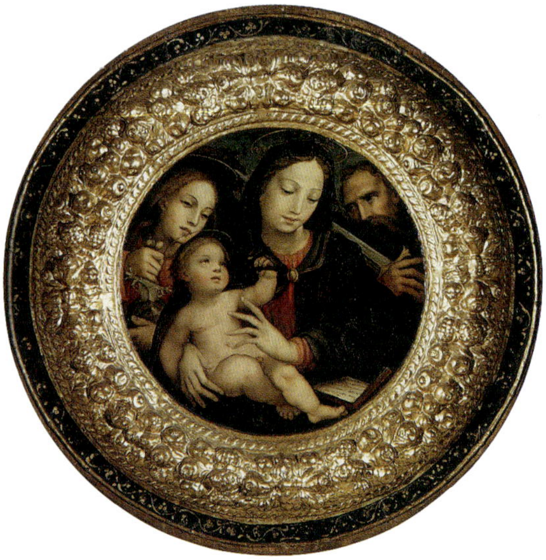

Fig. 1 : Marco Pino, *La Vierge à l'Enfant avec les saints Galgano et Paul*, Pinacotèque de Sienne.

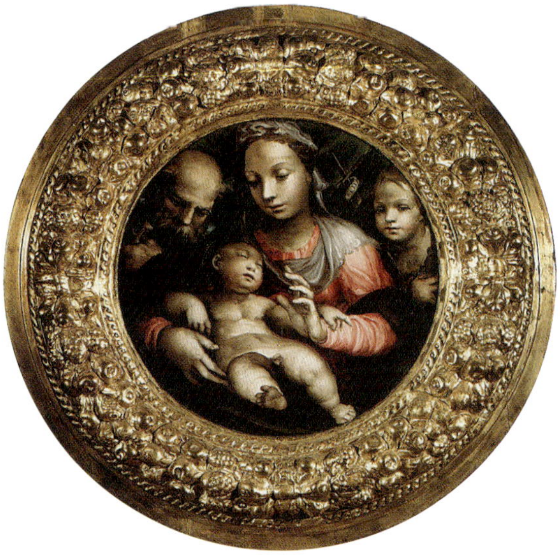

Fig. 2 : Marco Pino, *La Sainte Famille avec saint Jean-Baptiste*, collection Monte dei Paschi.

1. Paolo Biscottini, Raffaele Casciaro, *La sculpture in cartapesta*, cat. de l'exposition, Silvana Editoriale, Milano 2008, n°s 7 et 8.

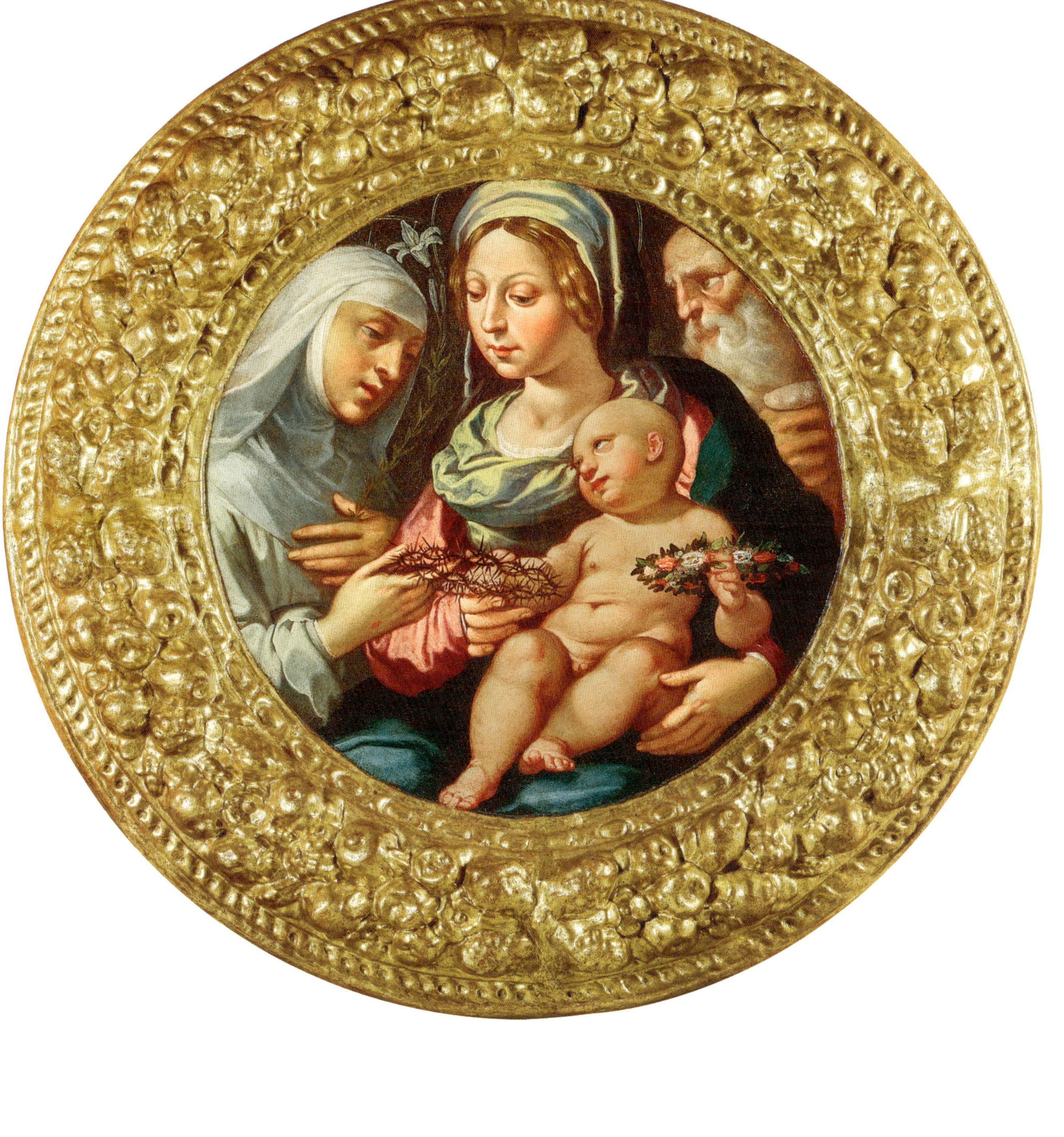

Rutilio MANETTI

(Sienne, 1571 – 1639)

27 *La Prédication de saint Jean-Baptiste*

Vers 1608

Huile sur toile.
98,5 × 75,5 cm.
Provenance : collection particulière, Monaco.
Bibliographie comparative : Alessandro Bagnoli, *Rutilio Manetti (1571-1639)*, Firenze 1978, p. 73-74, n° 8.

Cette toile est à mettre en relation avec le grand tableau de même sujet peint par Rutilio Manetti vers 1608 et se trouvant dans l'église de San Giovannino in Pantaneto à Sienne (**fig. 1**). La peinture exposée diffère du tableau final par quelques détails comme le personnage du premier plan à gauche vêtu d'hermine (un roi, Hérode ?) et écrivant dans un livre (registre de recensement ?) posé sur ses genoux qui se trouve remplacé par un gentilhomme debout, la main sur le pommeau de l'épée (préfigurant le massacre des saints Innocents ou de la décollation de saint Jean-Baptiste ?) et écoutant les commentaires du sage oriental barbu et coiffé d'un turban (un grand prêtre ?).
Le prototype commun aux deux œuvres de Manetti est la grande toile de même sujet peinte par Jacopo Chimenti da Empoli conservée à San Niccolo Oltrarno à Florence et datable vers 1608 (**fig. 2**) [1]. La présente composition semble dépendre plus directement de la toile de l'Empoli et doit par conséquent précéder de peu la version siennoise. Le peintre réutilisera le dessin du drapé de la femme en jaune au premier plan à droite dans une composition plus tardive *Mariage de Maria Sinalunga* de 1615 [2].
La composition et la riche palette acidulée appartiennent encore à la période maniériste de Manetti, élève de ses compatriotes Francesco Vanni (Sienne, 1563-1610) et Ventura Salimbeni (Sienne, 1568-1613) dont il prolonge ici la manière héritée de Barocci. Ce tableau met en évidence les qualités de paysagiste de l'artiste. C'est lors d'un séjour à Rome en 1615 que l'artiste découvrit la peinture de Caravage qui le conduisit à modifier radicalement son style.

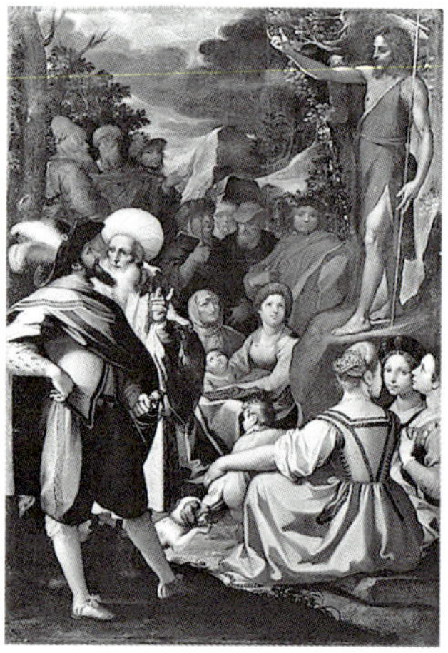

Fig. 1 : Rutilio Manetti, *La prédication de saint Jean-Baptiste*, San Giovannino in Pantaneto, Sienne.

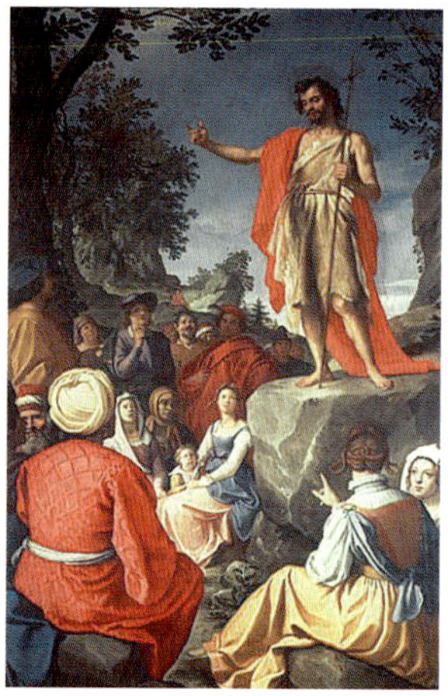

Fig. 2 : Jacopo da Empoli, *La Predica del Battista*, église de San Niccolo Oltrarno, Florence.

1. Alessandro Marabottini, *L'Empoli*, Roma 1988, p. 217-219, n°s 56 et 56a à 56f.

2. Alessandro Bagnoli, *ibidem*, p. 86, n° 21.

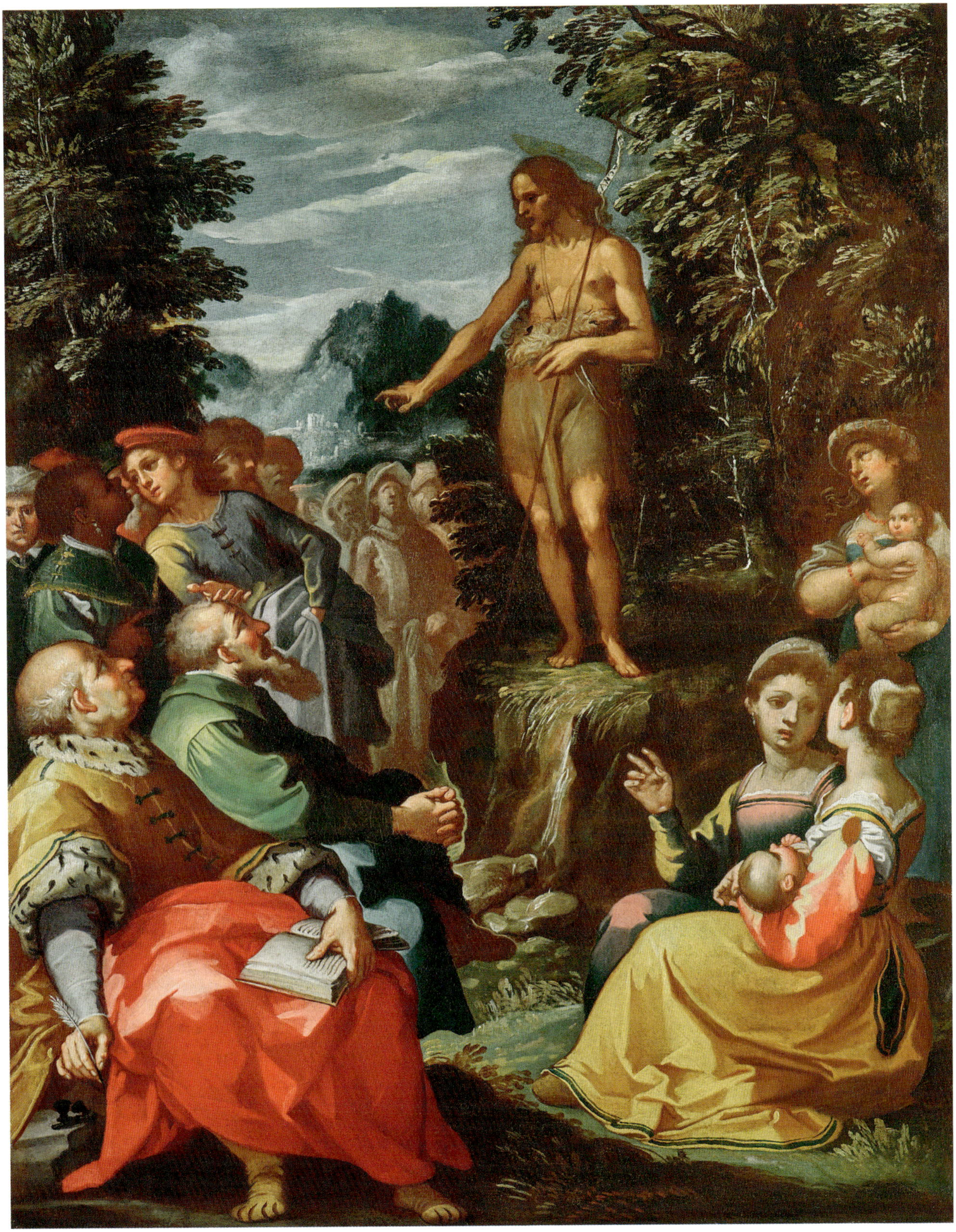

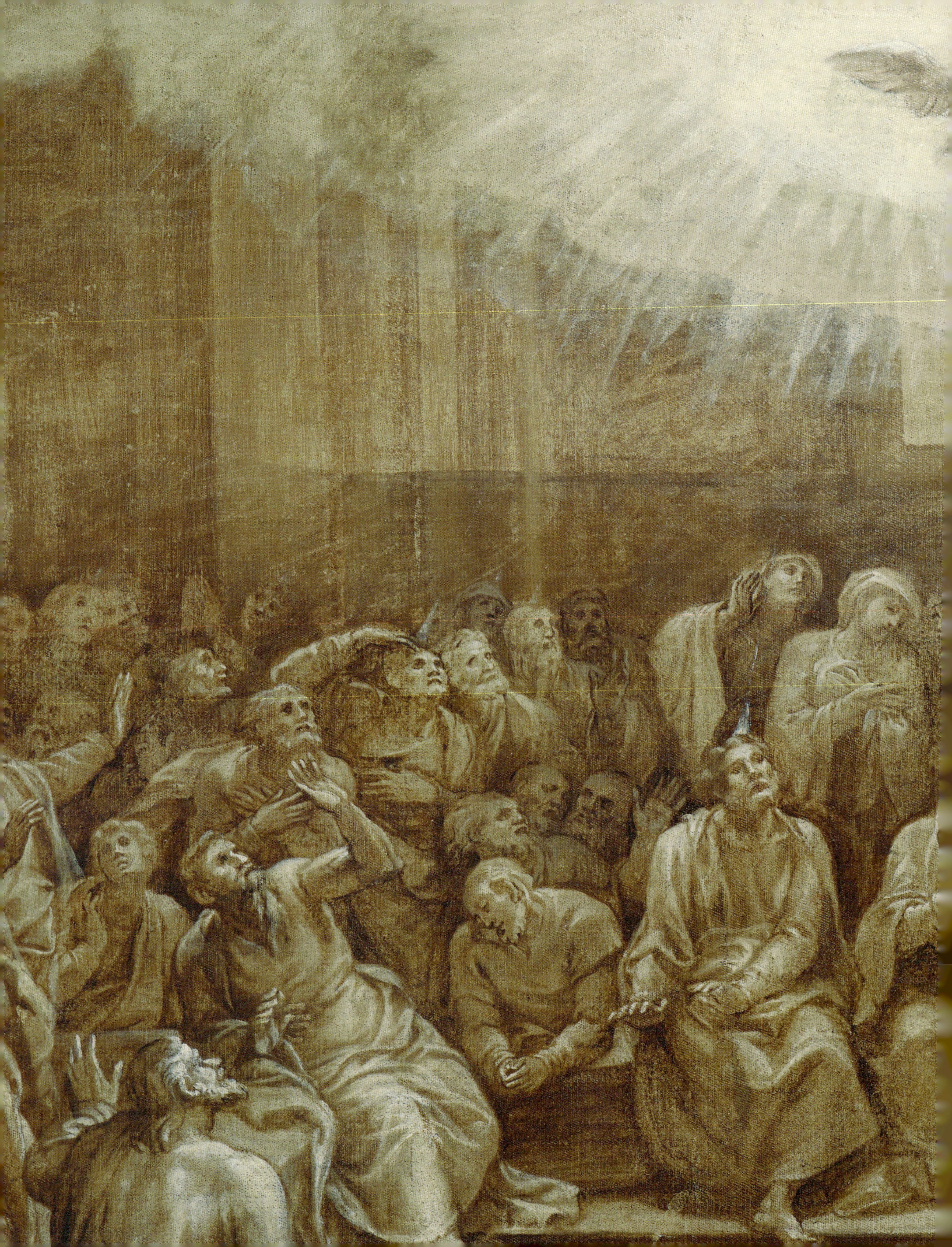

La Maniera Romana

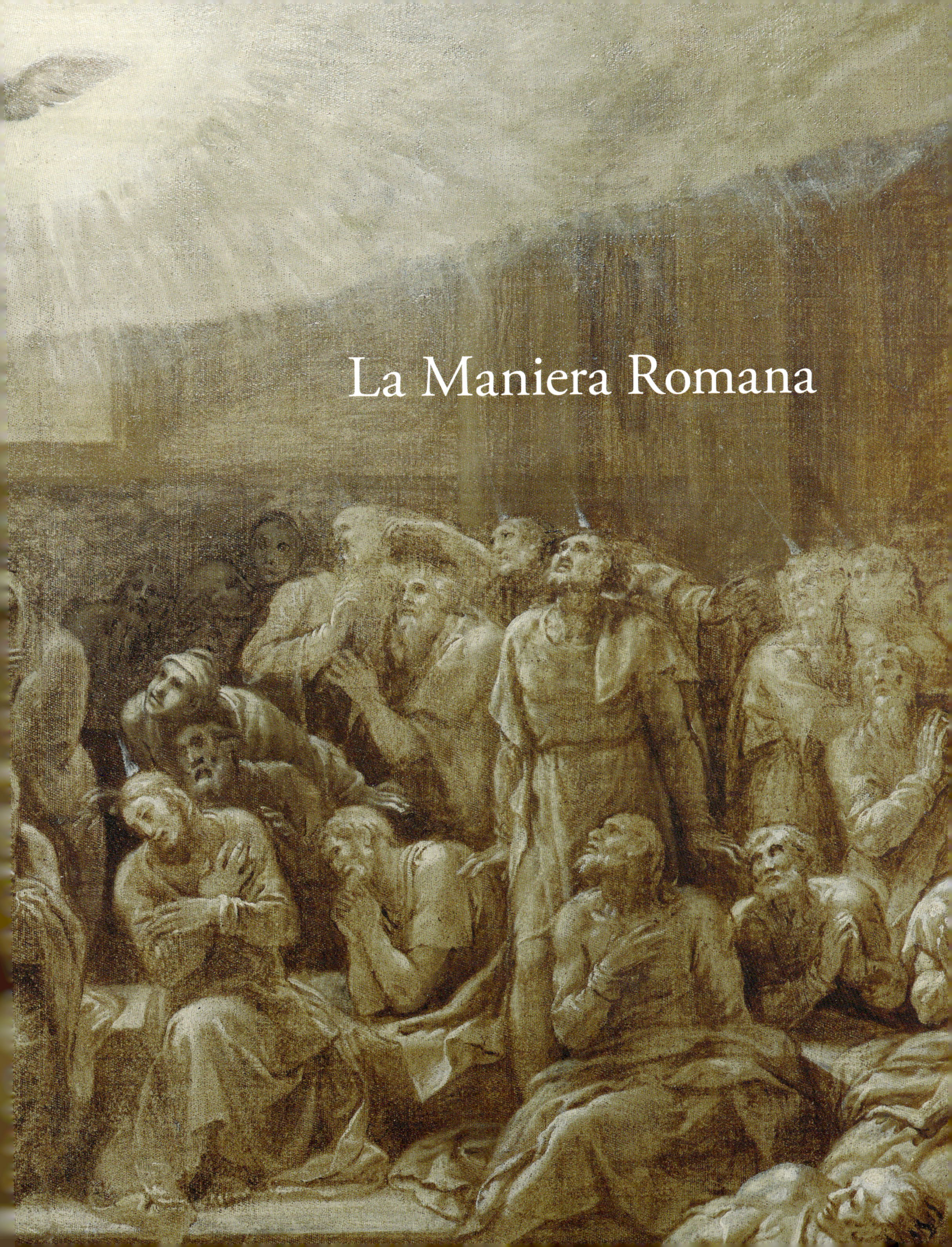

Artiste maniériste actif à Rome au milieu du XVIe siècle

28 *Prophète* ou *Apôtre dans une niche*

Plume, lavis d'encre brune et rehauts de gouache blanche sur papier bleu.
334 × 110 mm.
Provenance : Comte Nils Barck (1820-1896), L. 1959, cachet en bas à gauche ; Richard Cosway (1740-1821), L. 628, cachet en bas à droite ; Alfred Normand, L. 153c, cachet au verso du montage.

Cette étude représentant probablement un prophète ou un apôtre portant un lourd volume est à situer dans le milieu artistique romain dominé par Taddeo Zuccaro (1529-1566) et par les maniéristes influencés par Michel-Ange. Les proportions particulières, l'attitude contorsionnée, la physionomie du personnage ainsi que le drapé confirment pleinement l'appartenance de cette feuille à ce courant. Quelques noms d'artistes viennent à l'esprit : Taddeo Zuccaro, Pellegrino Tibaldi, Niccolo Martinelli dit Trometta, Polidoro da Caravaggio, etc… sans qu'aucun ne se révèle convaincant. La technique sur papier bleu faisant ressortir les magnifiques rehauts de gouache blanche. La belle provenance ne nous a hélas pas encore permis d'en trouver l'auteur. La manière de suggérer les ombres du fond de la niche par ces hachures verticales et la manière originale de composer les plis tendus du drapé devraient être en mesure de fournir un jour une piste.

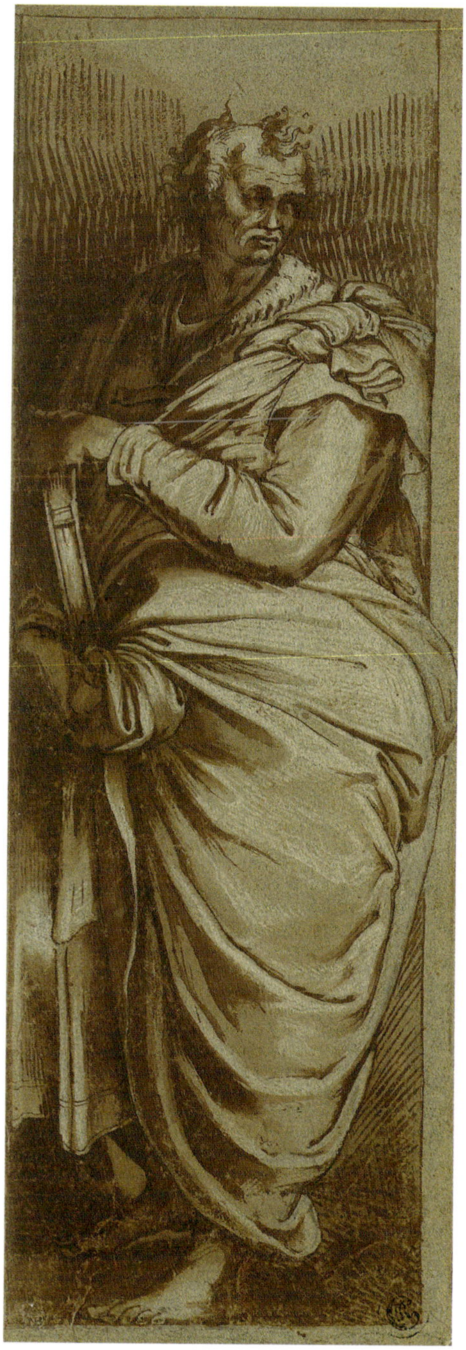

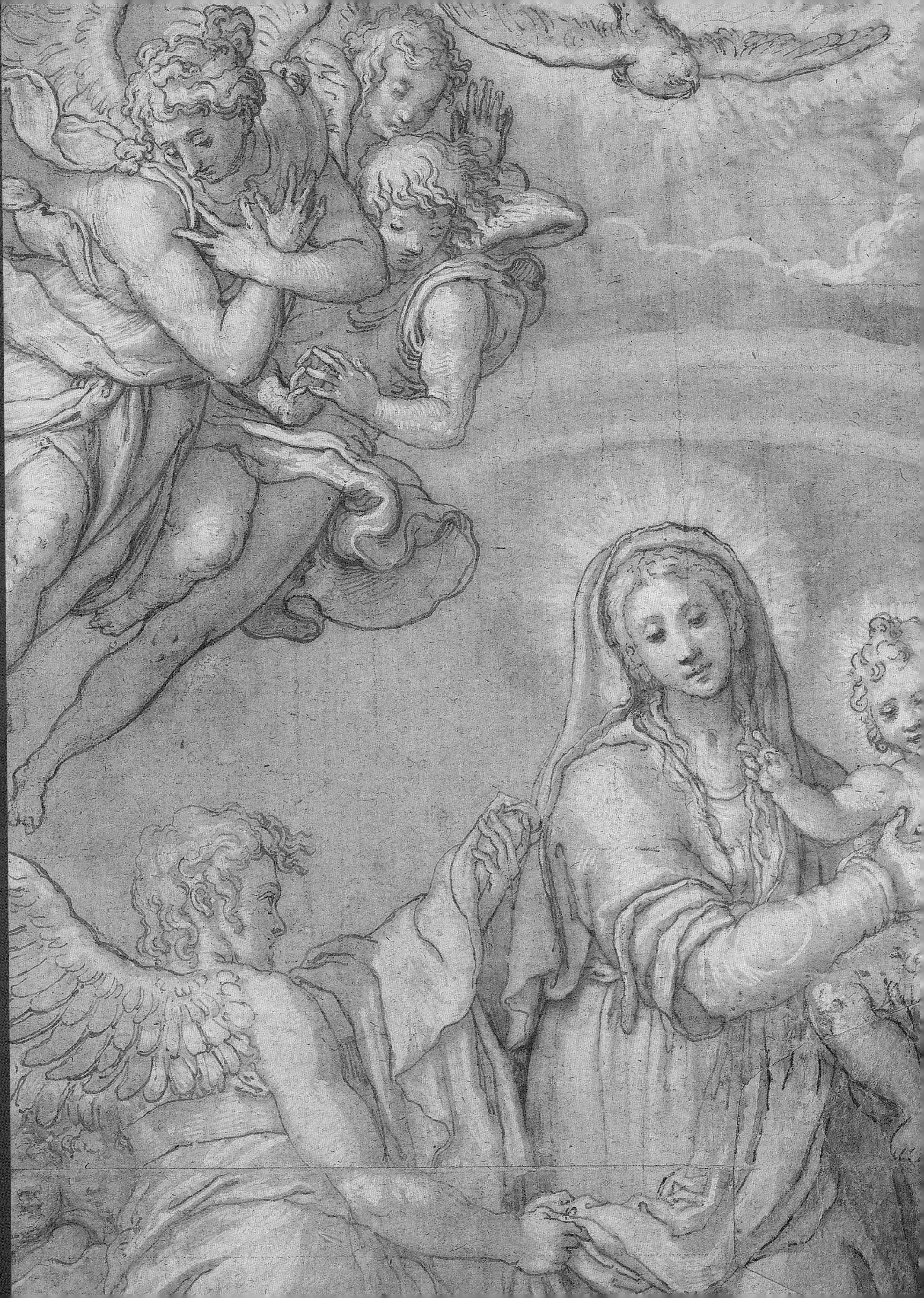

Nicolo MARTINELLI DA PESARO, dit IL TROMETTA

(Pesaro, 1535 – Rome, 1611)

29 *La Vierge à l'Enfant dans une gloire d'anges*

Vers 1566

Plume et lavis d'encre brune et rehauts de blanc sur esquisse à la pierre noire.
La feuille est constituée de plusieurs éléments de papier découpés et collés. Mis au carreau.
415 × 360 mm ; cintré.
Provenance : collection particulière, Paris.
Bibliographie comparative : John Gere, *Drawings by Niccolo Martinelli, il Trometta*, in « Master Drawings », 1, 4, 1963, p. 3-18 ; M. Turrio Baldassari, *Niccolo Martinelli da Pesaro detto « Trometta »*, (Thèse de doctorat), Università degli studi di Roma La Sapienza, 1988-1989 ; Benedetta Montevecchi, *Nicolo Martinelli da Pesaro, detto il Trometta*, in *Pesaro nell'età dei Della Rovere*, vol. II, Venezia 2001, p. 149-164 ; Benedetta Montevecchi, *Nicolo Martinelli da Pesaro, detto il Trometta (Pesaro, 1535 circa-Roma, 1611)*, in *Nel segno di Barocci : allievi e seguaci tra Marche, Umbria, Siena*, sous la direction de A.M. Ambrosini Massari, M. Cellini, Milano 2005, p. 142-157 ; Marco Simone Bolzoni, *Qualche aggiunta a Nicolo Trometta disegnatore, in Disegnare a Roma tra l'età del manierismo e il neoclassicismo*, sous la direction de Francesco Grisolia, in « Horti Hesperidum », IV, Roma 2014, 1.

Ce magnifique dessin revient sans aucun doute à la main de Niccolo Martinelli dit il Trometta, un artiste originaire des Marches très actif à Rome au cours du troisième et dernier quart du seizième siècle. Une reconstruction systématique de l'activité graphique du peintre de Pesaro est due à John Gere (1963), qui fut le premier à en rédiger le catalogue, auquel se sont ajoutées les contributions plus récentes de Benedetta Montevecchi et de Marco Simone Bolzoni [1].
Il s'agit d'une étude sur papier préparé, composé de plusieurs feuilles superposées, à relier avec la grande fresque représentant *La Vierge en gloire entourée d'anges* dans le chœur de Santa Maria in Aracoeli à Rome. Trometta se consacra à ce décor (comprenant également les épisodes d'*Auguste et la Sybille* et *Auguste sacrifiant sur l'autel*, flanqués des *Quatre Évangélistes*, de la *Naissance de la Vierge* et de la *Présentation au Temple*) entre 1567 et 1568 [2]. Baglioni cite les fresques de l'Aracoeli comme "l'opera migliore che mai colorisse" et même de nos jours, Gere les définit comme le "masterpiece" de l'artiste. Le décor devait être perçu comme une œuvre très importante par le peintre lui-même, qui en étudia très soigneusement les détails dans de nombreux dessins élaborés [3], dont le plus proche du nôtre est celui de Munich (Staatlichen Graphischen Sammlung, inv. 2606Z), représentant l'ovale complet du plafond entouré d'esquisses diverses pour les chœurs d'anges, semblant anticiper la composition à un stade moins avancé [4].
La feuille exposée – déja mise au carreau pour le transfert définitif – se rapproche en revanche beaucoup plus du tableau final, par la pose de la Vierge avec l'Enfant appuyé sur son bras droit et par les anges qui l'entourent. On franchit une étape supplémentaire dans le rapprochement de la fresque avec le dessin exposé à New York (Colnaghi, 1998), qui présente seulement le centre de l'ovale, avec la Vierge et deux anges, dans un groupe presque superposable au tableau [5].
Le contour du dessin, avec une base rectiligne et la partie supérieure cintrée est dû à une intervention postérieure, en vue d'adapter la feuille à un cadre ou d'éliminer une partie abîmée. Du point de vue stylistique, le dessin témoigne de la grande proximité de l'artiste avec le style gracieux et soigné de son maître Taddeo Zuccaro, dont il partagea l'atelier dès son arrivée à Rome dans les premières années du pontificat de Pie V (1559-1564). L'utilisation du fond coloré et des riches effets picturaux distingue cette phase de l'activité graphique de Trometta, encore influencé par les expériences vénitiennes importées dans les Marches [6].

Patrizia Tosini

1. J. Gere, « Drawings by Niccolo Martinelli, il Trometta », in *Master Drawings*, 1, 4, 1963, p. 3-18 ; B. Montevecchi, *Nicolo Martinelli da Pesaro, detto il Trometta*, in *Pesaro nell'età dei Della Rovere*, vol. II, Venezia 2001, p. 149-164 ; Eadem, *Nicolo Martinelli detto il Trometta (Pesaro, 1535 circa-Roma, 1611)*, in *Nel segno di Barocci : allievi e seguaci tra Marche, Umbria, Siena*, sous la direction de A. M. Ambrosini Massari, M. Cellini, Milano 2005, p. 142-157 ; M. S. Bolzoni, *Qualche aggiunta a Niccolò Trometta disegnatore*, in *Disegnare a Roma tra l'età del manierismo e il neoclassicismo*, sous la direction de F. Grisolia, "Horti Hesperidum", 1, 2014, p. 75-98.
2. Pour les documents sur le choeur de l'Aracoeli, voir B. Montevecchi, 2005, *cit.*, p. 145-146 (avec bibliographie précédente).
3. Pour une récapitulation des dessins préparatoires destinés au cycle de Trometta à l'Aracoeli, *cf.* J. Gere, 1963, *cit.*, p. 3-10 ; M. S. Bolzoni 2014, *cit.*, p. 81, note 21. K. Zeitler, *Zeichner in Rom 1550-1700. Werke aus der Staatlichen Graphischen Sammlung München*, cat. 12, p. 49-52.
4. K. Zeitler, *Zeichner in Rom 1550-1700. Werke aus der Staatlichen Graphischen Sammlung München*, cat. 12, p. 49-52.
5. *Colnaghi. An Exhibition of Master Drawings*, presented by Jean-Luc Baroni, catalogue by Stephen Ongpin, New York, 7th-30th May – London, 10th June-11th July, 1998, cat. 17.
6. M. S. Bolzoni, 2014, *cit.*, p. 79.

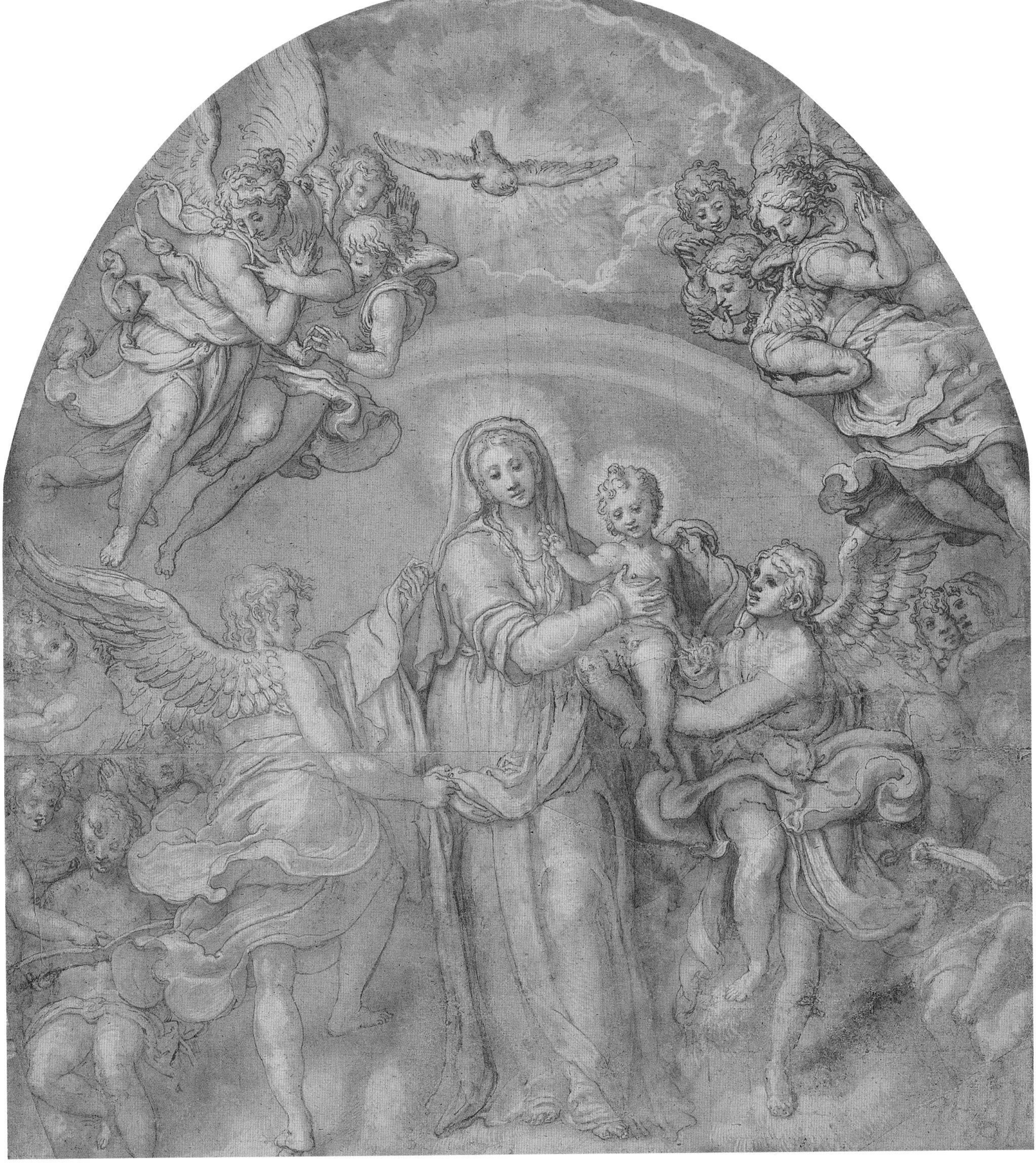

Girolamo MUZIANO

(Brescia, 1532 – Rome, 1592)

30 *Le Christ remettant les clefs à saint Pierre*

Pierre noire.
245 × 183 mm.
Annoté « Buonarotti » à la plume en bas à gauche.
Provenance : coll. Alfred Normand, Lugt n° 153c en bas à gauche (attribué à Giulio Clovio) ; coll. E. Peart, Lugt n° 891 en bas à droite ; coll. Paul Adamidi bey Frasheri (Lugt 4019) en bas au centre.

Girolamo Muziano arrive de Brescia à Rome en 1550, après un apprentissage entre Venise et Padoue, dans les ateliers de Lambert Sustris et de Domenico Campagnola. C'est à partir de cette date qu'il se fixe définitivement dans la ville pontificale, devenant l'un des protagonistes incontestés de la *Maniera romana*. À partir des années 1560, il entra au service des plus grands commanditaires de son temps, parmi lesquels Hippolyte d'Este et Matthieu Cointrel (Contarelli), les familles Cesarini, Mattei, Della Valle, Altoviti, pour n'en citer que quelques-unes. À partir de 1574, il devient l'artiste de référence du pape Grégoire XIII Boncompagni (1572-1585), chargé de concevoir et de réaliser les plus importants décors du pontificat.

Muziano travailla plusieurs fois et à différents moments de sa carrière sur le thème de la *Remise des clefs*. En 1567, il fournit à Cornelis Cort un dessin particulièrement détaillé sur ce sujet pour la réalisation d'une estampe célèbre : la composition, grâce à sa traduction en gravure connut un très grand succès, étant utilisée comme modèle pour de nombreux tableaux d'autres auteurs [1].

Le thème fut ensuite étudié à nouveau en vue de l'une des meilleures œuvres de l'artiste, le tableau d'autel avec *La Remise des clefs* pour la chapelle de l'avignonnais Pietro Alfonso à Santa Maria degli Angeli à Rome, documentée dans la première moitié de 1584 [2]. Le dessin semble être très étroitement lié à ce dernier tableau par sa composition, même s'il pourrait être avancé à la fin des années soixante-dix ou au tout début des années quatre-vingts, grâce à des correspondances stylistiques avec certaines feuilles de cette période, comme le *Roi en pied* (Louvre, DAG, inv. 10850) et l'étude pour l'*Assomption de la Vierge* (Rome, Istituto Nazionale per la Grafica, FC127667), tous deux à mettre en relation avec la décoration perdue de l'abside de Saint-Louis des Français (vers 1574-75) [3]. On trouve aussi des similitudes dans la pose des jambes et dans la disposition du manteau du Christ dans le dessin (Windsor, RCIN, inv. 905142) pour l'*Ascension du Christ* de la chapelle Ceuli à Santa Maria in Vallicella à Rome (1581-82). [4] Les fines hachures en diagonale utilisées dans la figure de saint Pierre, comme celles du drapé de Jésus replié sur la poitrine, laissant le torse découvert, sont habituelles dans les feuilles de Muziano, qui, dans les dessins ou esquisses préparatoires, étudie souvent les corps nus, pour ensuite les habiller complètement dans les tableaux en vue d'une plus grande adhésion aux austères principes tridentins.
Le style du dessin, dans sa monumentalité et sa consistance « rocheuse », reflète encore le style de Daniele da Volterra, avec lequel Muziano dut se former à peine arrivé à Rome. De tels accents toscanisants et michelangelesques deviendront ensuite moins évidents dans les dessins élaborés de la dernière maturité de l'artiste, aux traits plus rapides et principalement concentrés sur une vision d'ensemble.

Patrizia Tosini

1. Le dessin pour la gravure de Cornelis Cort est au Louvre (inv. 5095) ; il en existe une copie au British Museum (inv. 2.9.1981).
2. P. Tosini, *Girolamo Muziano (1532-1592). Dalla Maniera alla Natura*, Roma 2008, cat. A54, p. 440-441. Il existe par ailleurs une toile aujourd'hui conservée dans le Trésor de Saint-Pierre de Rome, provenant de la sacristie des Beneficiati de la basilique Vaticane, qui, bien qu'ayant été complètement repeinte au XIXe siècle est attestée par les sources des XVIIe et XVIIIe siècles comme une œuvre de Muziano (P. Tosini 2008, *cit.*, cat. P19, p. 493).
3. Le dessin du Louvre a été rendu à Muziano par Philip Pouncey (*cf.* J. Bean, (sous la direction de), *Dessins Italiens de la Renaissance*, cat. exp., New York-Paris, 1974-1975, Paris 1974, cat. 34). Sur les œuvres de Muziano pour Saint-Louis des Français et les dessins en relation, *cf.* P. Tosini, *Matteo Contarelli committente a San Luigi dei Francesi da Muziano a Caravaggio*, in N. Gozzano, P. Tosini (sous la direction de), *La cappella Contarelli a San Luigi dei Francesi. Arte e committenza nella Roma di Caravaggio*, Roma 2005, p. 11-26.
4. P. Tosini 2008, *cit.*, cat. A45, p. 423-424.

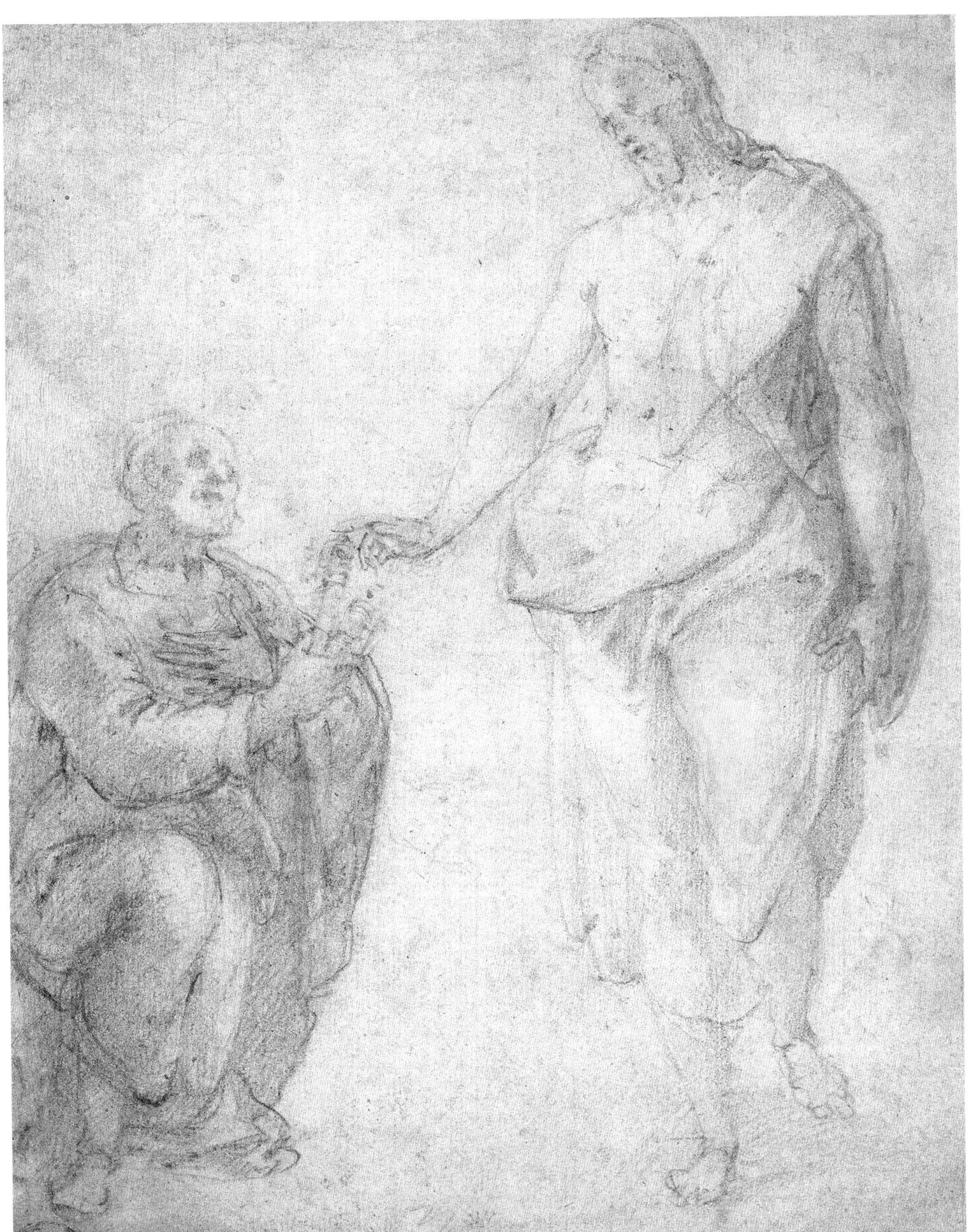

Girolamo MUZIANO

(Brescia, 1532 – Rome, 1592)

31 *La Pentecôte*

Huile sur toile.
113 × 156 cm.
Provenance : Seattle, Pacific Galleries, 12 février 2011, *19th-century Art & Antiquities*, lot 582 ; Charles Wagner ; famille de Jack Brown, sœur de l'hôpital de la Providence, Springfield, MA, 1961.
Bibliographie : P. Tosini, *Some Newly Identified Drawings by Girolamo Muziano*, in "Master Drawings", 52, 2, Summer 2014, p. 181-200, in part. p. 192-197.

Cette toile est réapparue pour la première fois sur le marché (Seattle, Pacific Galleries, 12 février 2011, *19th-century Art & Antiquities*, lot 582) avec l'attribution invraisemblable à un « artiste anonyme de la fin du XIXe s. ». Il s'agit au contraire d'un magnifique et rare bozzetto préparatoire exécuté par Girolamo Muziano en vue de la réalisation d'une célèbre peinture, la toile avec *La Pentecôte* pour le plafond de la salle des Parements (autrefois du Consistoire secret) du palais du Vatican [1].Les sources mentionnent ce bozzetto au Vatican jusqu'au XVIIIe avancé, accroché à une paroi de la salle du Consistoire (aujourd'hui bibliothèque des appartements pontificaux) : Agostino Taja le décrit comme « un bel quadro del Muziano che esprime la venuta dello Spirito Santo di figure al naturale » et Giovan Pietro Chattard le cite placé au-dessus de la cheminée entre deux tapisseries d'après des dessins de Raphaël [2].

En 1576 Muziano fut chargé par le pape Grégoire XIII (1572-1585) d'exécuter l'immense tableau (375 × 588 cm), déjà encastré dans un plafond à caissons en décembre 1577. La solution de la toile insérée au centre d'un plafond en bois est tout à fait inhabituelle à Rome à cette époque et fut probablement inspirée à Muziano par les exemples de grands cycles de toiles répandus à Venise, ville que le peintre avait fréquentée dans sa prime jeunesse. Le thème de la descente du Saint-Esprit sur les apôtres était particulièrement cher à Grégoire XIII, lequel reçut la tiare pontificale précisément le 20 mai, jour de la Pentecôte [3].

L'artiste étudia l'œuvre en différentes étapes : il exécuta probablement d'abord ce bozzetto sur toile, lequel montre un grand nombre de variantes par rapport à l'œuvre définitive, en particulier dans la disposition des groupes de personnages du fond, mais également des modifications iconographiques, comme par exemple la colombe du Saint-Esprit, remplacée dans la version finale par une mandorle rayonnante de lumière. Ensuite, il réalisa le dessin à proprement parler, à la plume et lavis sur papier (Louvre, DAG, inv. 5104), mis au carreau pour le report, et beaucoup plus proche de l'œuvre finie [4]. Les nombreux repentirs et la technique monochrome, avec de riches rehauts de blanc pour définir les formes et le clair-obscur, attestent que le bozzetto sur toile dut non seulement remplir la fonction de modello de présentation pour le pape (lequel le conserva en effet avec lui au Vatican), mais également celle d'étude de la composition complète, afin d'en mieux définir la répartition dans l'espace, les effets plastiques, les gestes et les mouvements des figures. Dans le bozzetto les effets de perspective et le raccourci de la composition sont moins accentués que dans le tableau final, passant d'un « quadro riportato », c'est-à-dire vu frontalement, à une solution plus illusionniste, avec une plus nette vision en trompe-l'œil.

Patrizia Tosini

1. Pour la *Pentecôte* dans la salle du Consistoire du Vatican, voir P. Tosini, *Girolamo Muziano (1532-1592). dalla Maniera alla Natura*, Roma 2008, cat. A32, p. 398-399 (avec bibliographie précédente).
2. A. Taja, *Descrizione del Palazzo Apostolico Vaticano*, Roma 1750, p. 496 ; G. P. Chattard, *Nuova descrizione del Vaticano*, 1762-1767, 3 vols., II, p. 167.
3. *Cf.* C. Valone, « The Pentecost : Image and Experience in Late Sixteenth-Century Rome », in *Sixteenth Century Journal*, 24, 1993, p. 803.
4. Le dessin du Louvre est dans P. Tosini 2008, *cit.*, p. 217 ; *cf.* également la notice de J. Marciari dans D. Franklin (sous la direction de), *From Raphael to Carracci : The Art of Papal Rome*, catalogue de l'exposition, Ottawa, National Gallery of Canada, 2009, cat. 107. Röttgen dans son commentaire des *Vite* de Baglione (G. Baglione, *Le vite de' pittori, scultori e architetti*, éd. sous la direction de J. Hess, H. Röttgen, 3 vols. Città del Vaticano 1995, 2, p. 411) mentionne un bozzetto représentant la *Pentecôte* dans la collection du scénographe hongrois Vincent Korda, mais les dimensions ne semblent pas concorder, il doit donc s'agir d'une autre toile.

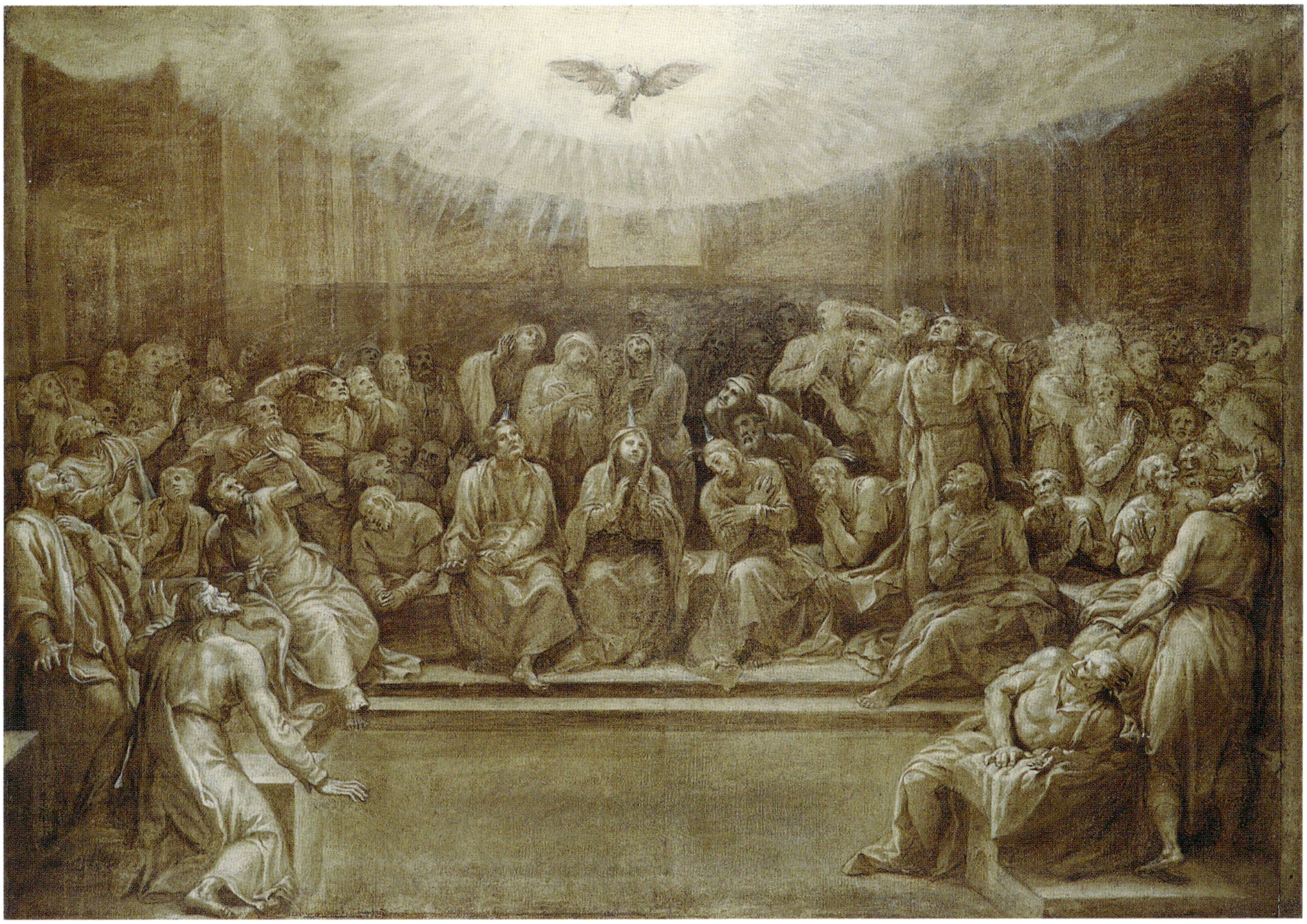

Giuseppe CESARI, dit CAVALIERE d'ARPINO

(Arpino, 1568 – Rome, 1640)

32 *Dieu le Père*

Vers 1603

Pierre noire et sanguine.
141 × 195 mm.
Au recto : annotation « Arpino » à la plume en bas à droite.
Au verso transparaît l'inscription à la plume : « Del Sig. Cavalier Giuseppe Cesari. Comprato in Piazza Naona » et « c28 ».
Provenance : Émile-Louis Calando (1840-1898), Paris (Lugt 837) cachet en bas à gauche ; son fils Émile-Pierre Victor Calando (1872-1953), sa vente à Paris le 17 mars 1927, partie du lot n° 4 (110 francs à Zamacois) ; Vente Christie's Londres, 2 juillet 1996, lot n° 104.
Bibliographie : H. Röttgen, *Il Cavalier Giuseppe Cesari d'Arpino : un grande pittore nello splendore della fama e nell'incostanza della fortuna*, Roma 2002, p. 354, n° 115a ; Marco Simone Bolzoni, *Il Cavalier Giuseppe Cesari d'Arpino, Maestro del disegno, Catalogo ragionato dell'opera grafica*, Roma 2013, n° 224 ; H. Röttgen, *Il Cavalier Giuseppe Cesari d'Arpino, Die Zeichnungen III, Reife und Alter, 1605-1640*, Stuttgart 2013, n° 429.

Ce dessin est une première étude pour le *Dieu le Père* traduit en mosaïque au centre du lanternon de la coupole de la basilique Saint-Pierre de Rome (**fig. 1**) [1]. Ce décor constitue probablement la plus prestigieuse commande de sa carrière. L'artiste fut chargé de fournir les cartons [2] en vue de leur réalisation en mosaïque par Ranuccio Semprevivo et ses assistants Cesare Torelli, Donato Parigi et Rosario Parasole. Arpino reçu 100 écus pour les premiers cartons le 11 juillet 1603. Giuseppe travailla sur cette commande jusqu'en 1612 et reçut un dernier paiement le 15 juin de cette année. Le montant total pour ces cartons fut de 7 266 écus. *Dieu le Père* fut l'un des premiers dessins à être traduit en mosaïque, comme le paiement de 892 écus et 65 baiocchi à Semprevivo [3] d'août 1603 à mars 1604. Il est probable que le présent dessin date de la première moitié de 1603.

Le contrat décrivant la fresque comme « dov'è raffigurato Dio Padre creatore, che scende allargando le braccia, circondato da raggi, stellee, nelle nuvole, da teste da angeli » [4]. Le carton du *Dieu le père* fut réemployé pour la lanterne de la chapelle Santori de la basilique Saint-Jean de Latran à Rome [5].

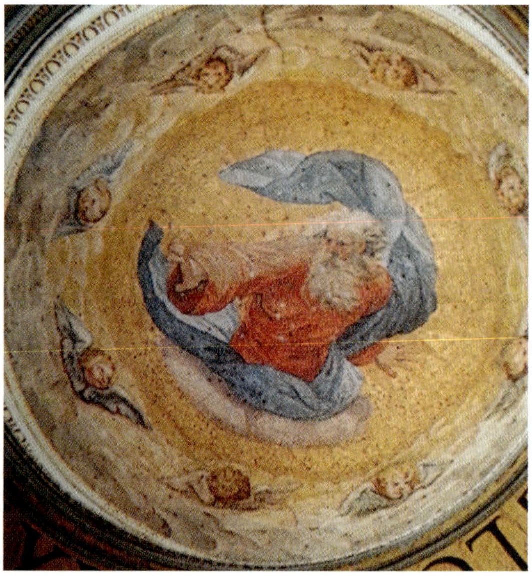

Fig. 1 : Giuseppe Cesari, *Dieu le Père*, lanternon de la coupole de Saint-Pierre de Rome.

1. H. Röttgen, 2002, n° 115.1, illustré p. 354.
2. La plupart des cartons, en couleurs, pour les anges, quelques évêques et un saint sont conservés au Palais Chigi d'Ariccia (Röttgen, 2002, n° 115A-P, illustrés p. 361-2) D'autres cartons se trouvaient à Montecassino où ils furent détruits en 1944. Le carton du Dieu le Père n'a pas été retrouvé.
3. D'après les archives de la Fabbrica (Röttgen, 2002, p. 356).
4. Röttgen, 2002, p. 356.
5. Röttgen, 2002, n° 116.

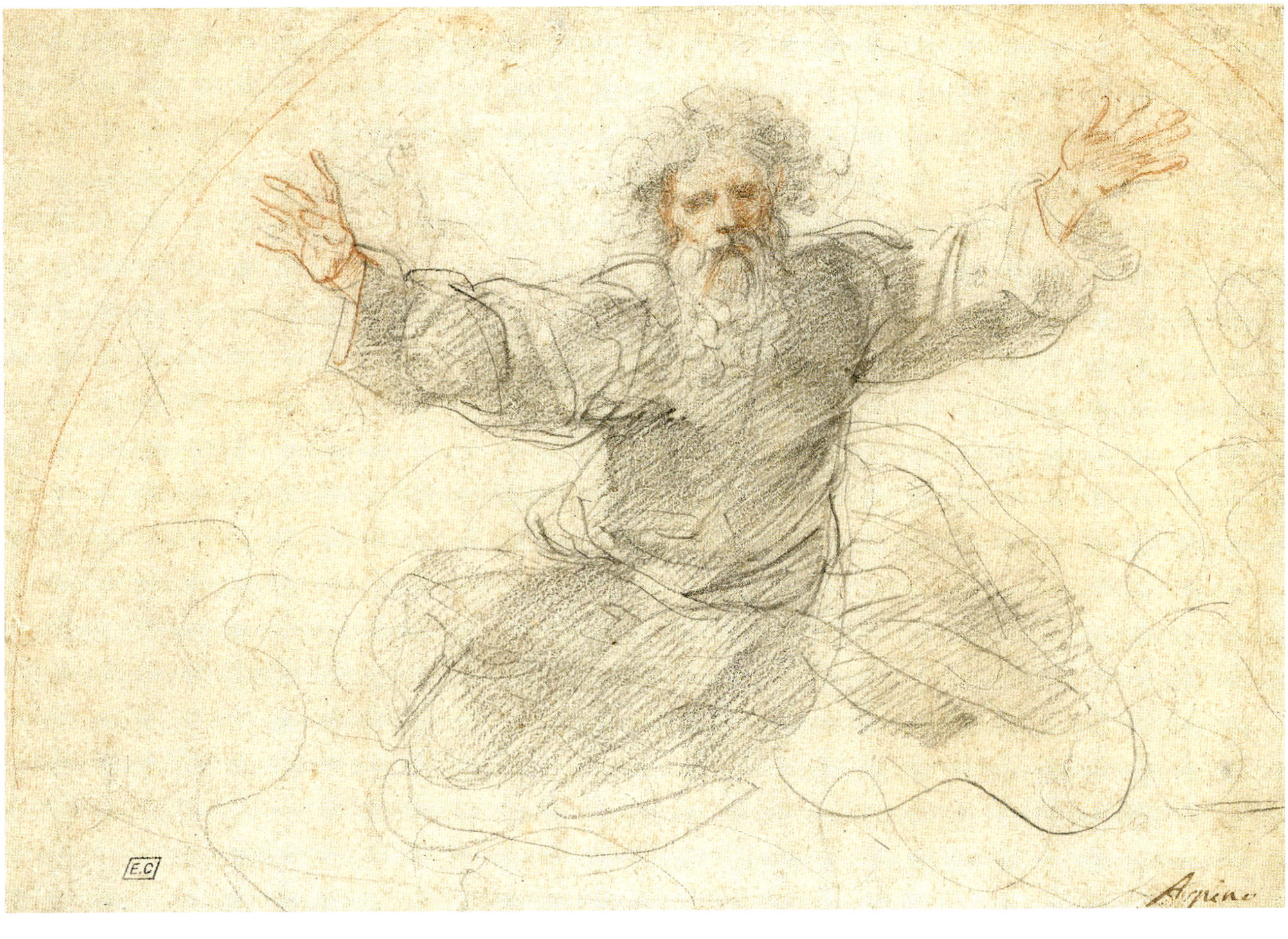
E.C

Giovanni ALBERTI

(Borgo Sansepolcro, 1558 – Rome, 1601)

33 *Le Triomphe de la Croix*

Plume, encre brune et lavis d'aquarelle bleue.
301 × 217 mm, cintré et découpé de manière irrégulière.
Le montage portait une inscription ancienne (autographe ?) à la plume « Di Giovanni dal Borgo ».
Provenance : galerie Amicorum, Paris ; collection particulière, Paris.
Bibliographie comparative : M. V. Brugnoli, « Un palazzo romano del tardo '500 e l'opera di Giovanni e Cherubino Alberti a Roma », in *Bollettino d'arte*, XLV, July-September 1960, p. 223-246 ; A. Petrioli Tofani, *Inventario 2. Disegni esposti, Gabinetto disegni e stampe degli Uffizi*, Firenze 1986, p. 413, n° 973E.
G. Buttafava, E. Garbagnati, *Architetture nel segno dei maestri*, Bergamo 1962, p. 58.

Le dessin revient à Giovanni Alberti, qui incarne avec son frère aîné Cherubino, un tandem artistique très réputé au cours du pontificat de Clément VIII Aldobrandini (1592-1605). Arrivés à Rome au début des années 1580, commençant à exploiter le filon polidoresque des façades peintes, les deux artistes toscans se spécialisèrent très vite dans les décors en trompe-l'œil de grand effet visuel, réalisés dans les principales commandes du pape Aldobrandini.

Le catalogue complexe de la production graphique des deux peintres a été ponctuellement reconstitué par Kristina Hermann-Fiore, qui a distingué les différences stylistiques entre les deux, liés par une production artistique conduite presque toujours conjointement [1]. L'étude en question révèle le trait fin et soigné de Giovanni – distingué par un goût décoratif et une linéarité accentuée – plutôt que celui de Cherubino, plus enclin aux effets picturaux. Des similitudes ponctuelles existent entre les poses des anges portant la croix et les études de putti attribuées à Giovanni pour la Sala Clementina, conservés à l'Istituto Nazionale per la Grafica de Rome (FN 2918 ; FN 2925 recto et verso). La feuille est manifestement à mettre en relation avec le plafond de la chapelle Aldobrandini à Santa Maria sopra Minerva (**fig. 1**) à

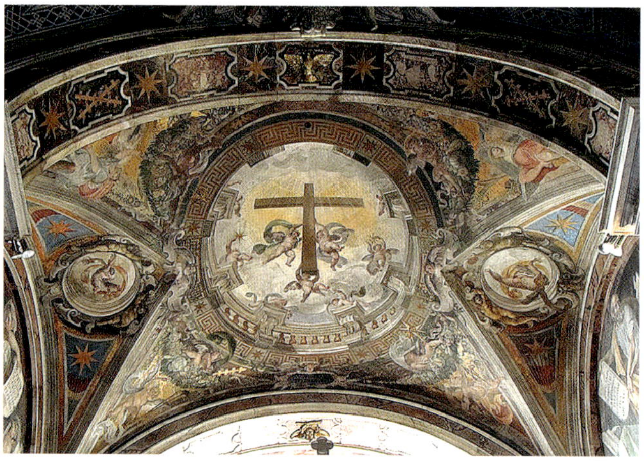

Fig. 1 : Cherubino Alberti, chapelle Aldobrandini, Santa Maria sopra Minerva, Rome.

1. K. Hermann-Fiore, *Disegni degli Alberti. Il volume 2503 del Gabinetto Nazionale delle Stampe*, cat. exp., Rome, 25 novembre 1983 – 2 janvier 1984, Roma 1983.

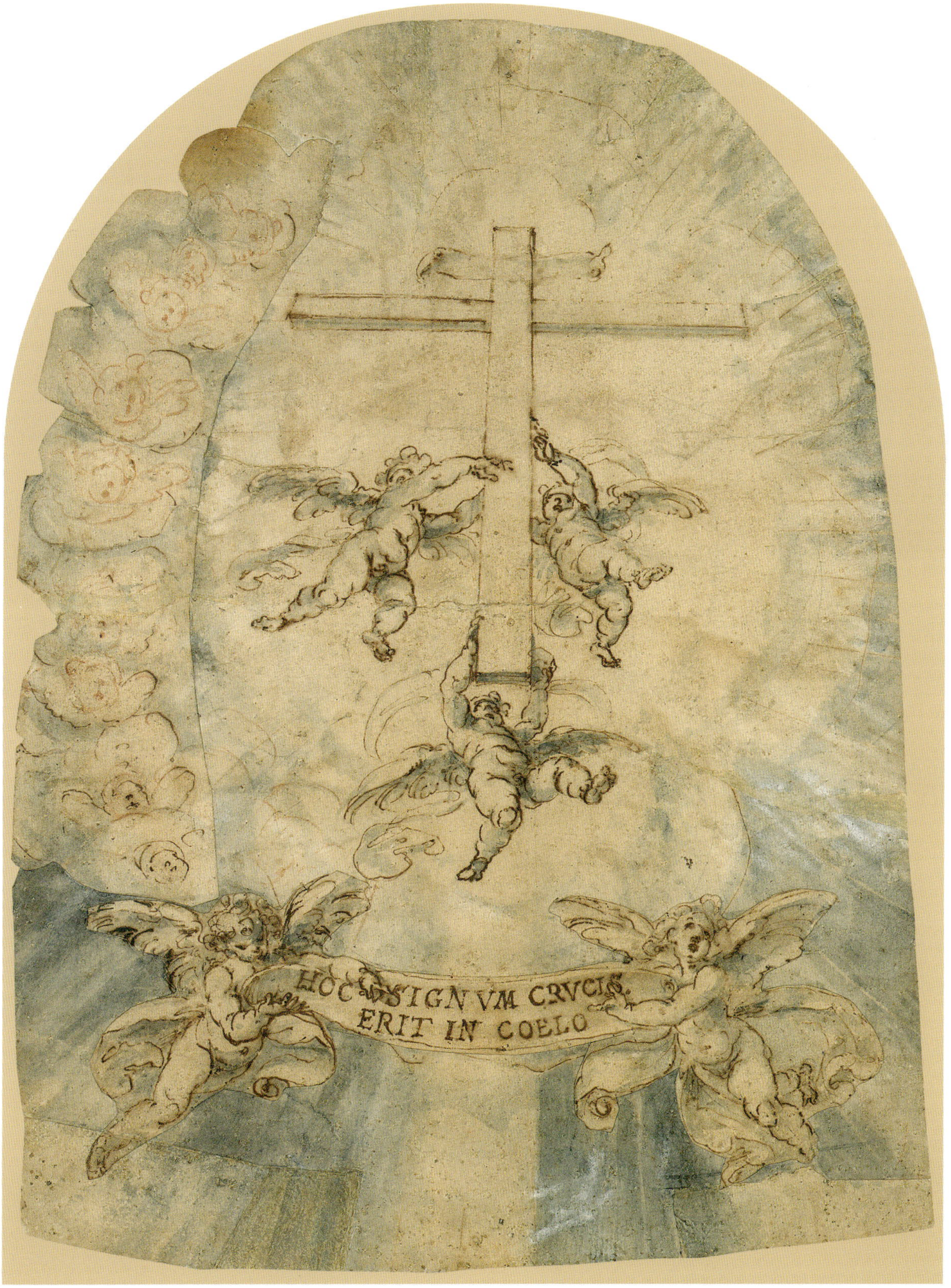
HOC SIGNVM CRVCIS
ERIT IN COELO

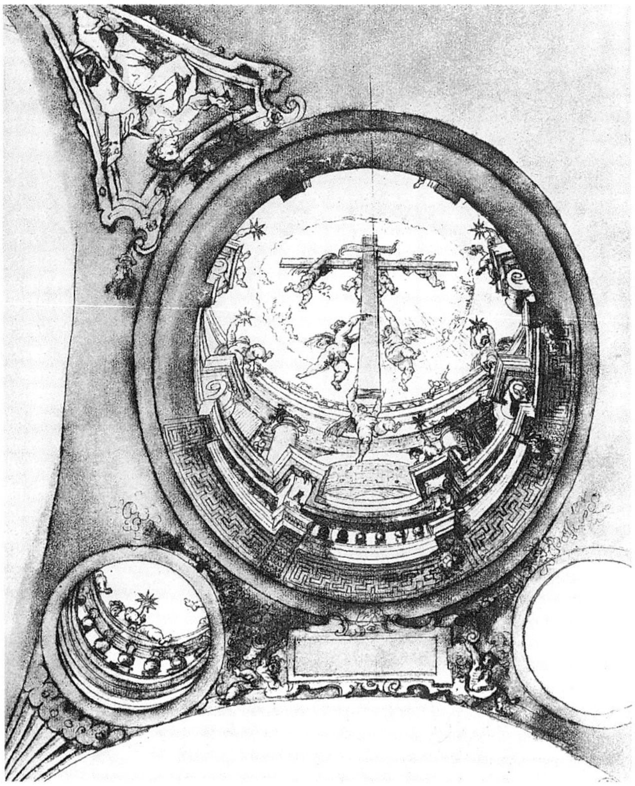

Fig. 2 : Cherubino Alberti, *Étude pour la chapelle Aldobrandini*, musée des Offices, Florence.

Rome (1600-1610), une œuvre commandée aux deux frères par le pape Clément VIII déjà en 1600, mais terminée par Cherubino, après la mort de son frère en août 1601 [2]. Les documents nous apprennent que la voûte fut réalisée par Cherubino entre 1604 et 1605, mais nous devons supposer que Giovanni avait déjà mis au point l'étude pour le plafond avant sa mort. Le dessin s'avère très proche de la fresque finale, un oculus bordé d'une balustrade peinte en trompe-l'œil sur la voûte, à travers lequel on voit la Croix dans le ciel portée par trois anges.

L'idée de Giovanni fut récupérée dans les études réalisées par Cherubino pour la chapelle, comme la feuille des Offices (GDSU, 29 Orn.) (**fig. 2**), dans laquelle le motif central de la Croix soulevée par les anges est réutilisé presque littéralement au centre d'une architecture circulaire illusionniste. L'inscription sur le phylactère porté par les anges en bas – HOC SIGNUM CRUCIS ERIT IN COELO – est une citation de l'antienne matutinale chantée lors de la fête de l'Invention de la Croix et coïncide presque exactement avec celle que l'on pouvait autrefois lire sur le bord du fond de la voûte, inscription rendue aujourd'hui illisible à la suite des dernières restaurations [3]. Le thème de la Croix se situe au centre de la complexe iconographie funèbre et eschatologique de la chapelle Aldobrandini, axée sur le thème de l'Eucharistie et du Salut au nom de la Croix, au travers de son exaltation.

Patrizia Tosini

2. À propos de la datation de la chapelle Aldobrandini, *cf.* M. C. Abromson, « Clemente VIII's Patronage of the Brothers Alberti », in *Art Bulletin*, 1978, 3, 60, p. 531-547, en particulier p. 540-542 ; C. L. C. E. Witcombe, *Giovanni e Cherubino Alberti*, Diss., 2 vols., Bryn Mawr College, 1981 ; K. Richter, « Die Capella Aldobrandini in Santa Maria sopra Minerva », in *Römisches Jahrbuch der Bibliotheca Hertziana*, 1999/2000 (2003), 33, p. 303-372, en part. p. 337-345.

3. K. Richter, *cit.*, 2003, p. 348. L'inscription de la fresque était à l'origine « Hoc signum erit in coelo ».

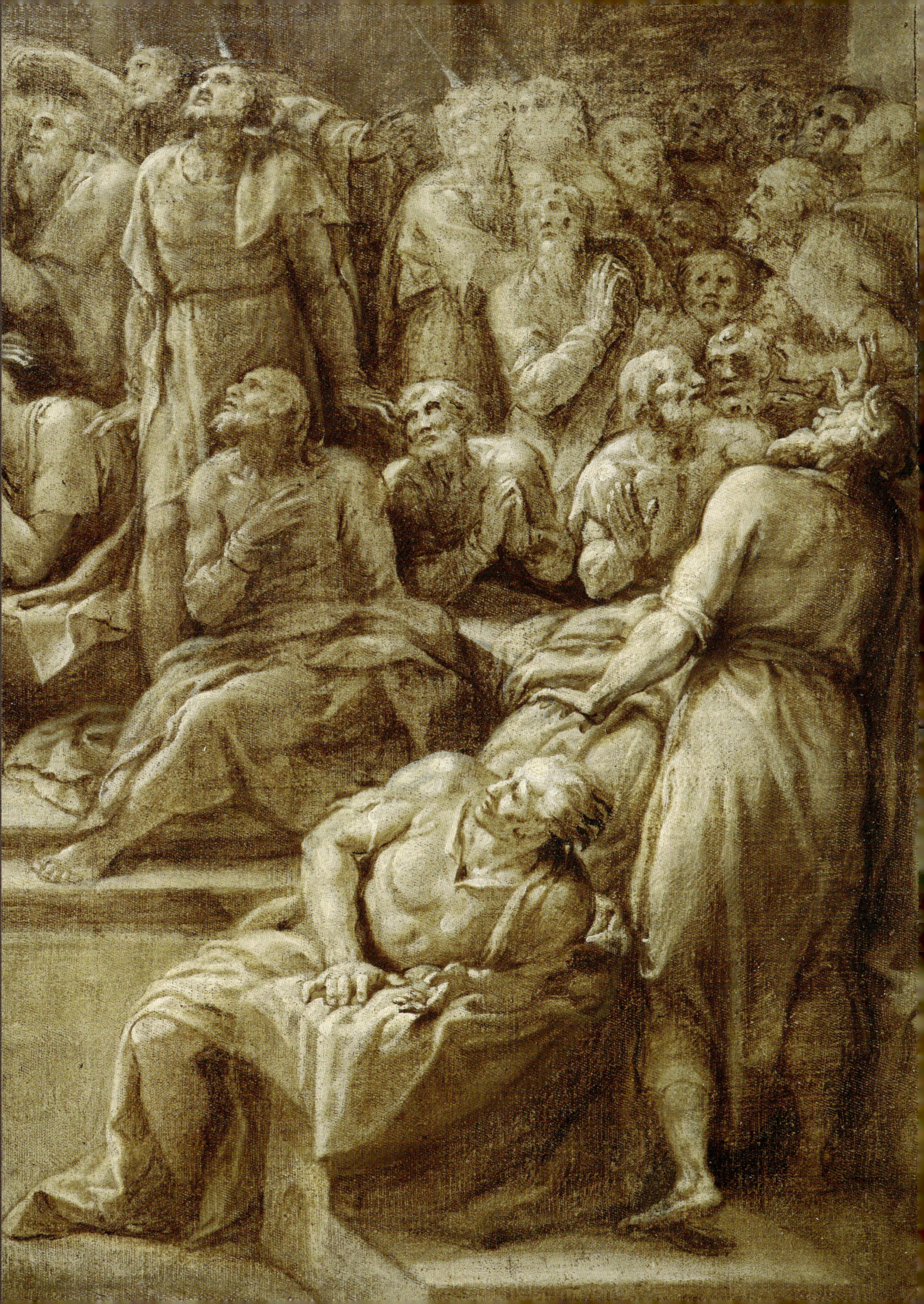

Crédit photographique

© Clichés Illustria : p. 2, 6, 8-9, 11, 12, 13, 15, 16, 17, 19, 25, 27, 29, 30-31, 32 (ill. g.), 33, 35, 37, 38 (fig. 2), 39, 41, 45, 46, 47, 49, 51, 52, 53, 55, 57, 59, 60, 61, 63, 64, 65, 66, 67, 69, 71, 72-73, 74, 75, 77, 79, 81, 83, 85, 87 et couverture.

© Toutes les autres illustrations proviennent d'archives de la Galerie Tarantino.

Dépôt légal : 1er trimestre 2016

ISBN : 978-2-35404-065-9

Achevé d'imprimer en France en mars 2016 par la Librairie des Musées
avec des encres végétales sur un papier issu de forêts à développement durable

Suivi d'achèvement
Édition Librairie des Musées
14 360 Trouville-sur-Mer

Conception et réalisation graphiques, photogravure
Illustria
14 360 Trouville-sur-Mer